*Der Finanz-Kompass*

Leonard Fuchs

# Der Finanz-Kompass

Aktiokrat Verlag

**Impressum**

Herausgeber & Verlag:
Aktiokrat Verlag
Torsten Nicodemus
22941 Bargteheide, Deutschland
www.aktiokrat-verlag.de

Umschlaggestaltung, Satz & Layout:
Aktiokrat Verlag

Druck & Vertrieb:
Amazon KDP

ISBN: 978-3-69283-012-4



Verantwortlich i.S.d. § 55 RStV:
Torsten Nicodemus, Bargteheide

# Haftungsausschluss

Die Inhalte dieses Buches wurden mit größter Sorgfalt erstellt und dienen ausschließlich der allgemeinen Information sowie der persönlichen Weiterentwicklung.

Sie stellen keine professionelle Beratung im juristischen, psychologischen, medizinischen oder finanziellen Sinne dar.

Der Autor ist kein Arzt, Therapeut, Anwalt oder Finanzberater.

Alle enthaltenen Informationen beruhen auf persönlichen Erfahrungen, Recherchen und Einschätzungen und erheben keinen Anspruch auf Vollständigkeit, Richtigkeit oder Fehlerfreiheit.

Jede Umsetzung der in diesem Buch genannten Gedanken, Impulse oder Vorschläge erfolgt auf eigene Verantwortung des Lesers.

Der Autor übernimmt keine Haftung für direkte oder indirekte Schäden materieller oder immaterieller Art, die durch die Anwendung oder Nichtanwendung der Inhalte entstehen können.

Dies gilt insbesondere – aber nicht ausschließlich – für Entscheidungen in den Bereichen Partnerschaft, Lebensplanung, Vermögensaufbau, psychische Gesundheit oder berufliche Veränderungen.

Der Leser wird ausdrücklich dazu aufgefordert, bei sensiblen Themen wie Gesundheit, Recht oder Finanzen stets qualifizierte Fachpersonen zu konsultieren und nicht ausschließlich auf die Aussagen dieses Buches zu vertrauen.

Hinweis:

Dieses Buch versteht sich als Impulsgeber – nicht als Handlungsanweisung.

Der Autor übernimmt keine Verantwortung für individuelle Konsequenzen, die aus der Lektüre oder der Umsetzung der Inhalte entstehen können.

# Inhaltsverzeichnis

PROLOG & ORIENTIERUNG

Vorwort ........ 13

Warum dieser Kompass kein klassischer Finanzratgeber ist – und warum genau das seine Stärke ist.

Wie du diesen Kompass liest ........ 15

Was dich erwartet, wie du ihn nutzt und warum Ehrlichkeit wichtiger ist als Wissen.

Einleitung ........ 17

Über Geld, Angst und Verantwortung – und warum Klarheit immer mit Ehrlichkeit beginnt.

Der 20-Fragen-Kompass ........ 19

Zwanzig ehrliche Fragen, um herauszufinden, wo du wirklich stehst.

I. DIE VERLUSTZONE DES GELDES

Themenfokus: Prägung, Schulden, falsche Sicherheit

Kapitel 1 – Warum Geld nie dein Freund war ........ 21

Wie du gelernt hast, Geld zu fürchten – und wie du Frieden damit schließt.

Kapitel 2 – Schuldenfrei ist der erste Schritt ........ 27

Warum Schuldenfreiheit oft schon finanzielle Freiheit ist – und warum sie alles verändert.

II. VERANTWORTUNG STATT HOFFNUNG

Themenfokus: Rente, Zeit, Aufschub

Kapitel 3 – Warum die Rente kein Sicherheitsnetz mehr ist ........ 35

Warum das System nicht trägt – und warum Eigenverantwortung kein Drama ist.

Kapitel 4 – Warum Aufschieben dich mehr kostet als falsche Entscheidungen ........ 39

Zeit, Zinseszins und warum „später“ der teuerste Fehler ist.

## III. KONTROLLE & STABILITÄT

**Themenfokus: Schuldenabbau, Struktur, Rückfallvermeidung**


Kapitel 5 – Raus aus dem Schuldenkreislauf ........ 43

Der konkrete Befreiungsplan – Schritt für Schritt zurück zur Luft zum Atmen.

Kapitel 6 – Schuldenfrei bleiben ........ 51

Warum Willenskraft nicht reicht und Systeme dich schützen.


## IV. INVESTIEREN VERSTEHEN – NICHT NACHMACHEN

**Themenfokus: Einstieg, Haltung, Grundlagen**


Kapitel 7 – Vom Sparer zum Investor ........ 61

Wie dein Geld für dich arbeitet – und warum Disziplin wichtiger ist als Talent.


## V. CASHFLOW & DIVIDENDEN

**Themenfokus: Einnahmen, Struktur, Stabilität**


Kapitel 8 – Das Cashflow-Depot ........ 69

Wie Dividenden regelmäßig für dich arbeiten – und warum Planung alles ist.

Kapitel 9 – Depotpflege & Wartung ........ 77

Wie dein System stabil bleibt – ohne Stress, ohne Dauer-Checken.

Kapitel 10 – Wenn Dividenden kippen ........ 85

Warnsignale erkennen, bevor es weh tut – und wie du richtig reagierst.


## VI. RISIKO, QUALITÄT & DISZIPLIN

Themenfokus: Schutz vor Fehlern, sauberes Denken


Kapitel 11 – Dividende gekürzt ........ 91

Halten, verkaufen oder nachkaufen – ohne Hoffnung, ohne Panik.

Kapitel 12 – Gefallene Engel & Risikokontrolle ........ 95

Warum billig nicht automatisch gut ist – und wie Profis Risiken begrenzen.

Kapitel 13 – Qualitätsaktien finden ........ 101

Substanz, Burggraben, Charakter – woran gute Unternehmen wirklich zu erkennen sind.

VII. STRATEGIE & FEINSCHLIFF

Themenfokus: Reife, Anpassung, Klarheit

**Kapitel 14 – Strategie verfeinern statt neu erfinden ........ 109**

Feinschliff statt Strategiewechsel – wie reife Anleger denken.

VIII. DEIN DEPOT ALS ALTERSVORSORGE

Themenfokus: Sicherheit, Freiheit, Planung

**Kapitel 15 – Dein Depot ist kein Extra ........ 113**

Warum es der Kern deiner Altersvorsorge ist – nicht der Bonus.

**Kapitel 16 – Deine magische Zahl ........ 117**

Wie du deine Ruhestandslücke berechnest – klar, ehrlich, realistisch.

**Kapitel 17 – Wenn dein Depot dich bezahlt ........ 121**

Dividenden, Teilverkäufe und wie dein Geld dich trägt – ohne Substanzverlust.

IX. PSYCHOLOGIE, KRISE & DURCHHALTEN

Themenfokus: Emotionen, Rückschläge, innere Stabilität

**Kapitel 18 – Wenn es weh tut ........ 125**

Warum nicht der Markt dein Feind ist – sondern deine Reaktion.

X. VERANTWORTUNG WEITERGEBEN

Themenfokus: Familie, Kinder, Offenheit

**Kapitel 19 – Finanzbildung beginnt zu Hause ........ 131**

Wie du deinen Kindern einen Vorsprung fürs Leben gibst.

SCHLUSS

**Epilog – Der letzte Gedanke ........ 139**

Warum es nie nur ums Geld ging – sondern um Haltung, Würde und Selbstbestimmung.

# Vorwort

Dieses Buch ist kein Finanzratgeber im klassischen sinne.

Er soll für Klarheit sorgen.

Wenn du glaubst, hier steht, wie du schnell reich wirst, liegst du falsch.

Wenn du glaubst, hier steht, wie du andere austrickst oder das System besiegst, bist du ebenfalls falsch.

Der Vermögens-Kompass zeigt dir nicht, wie du Geld machst, sondern wie du aufhörst, dich selbst zu sabotieren.

Ich schreibe das hier nicht als Bankberater oder Börsenexperte.

Ich schreibe es als jemand, der selbst zu spät angefangen hat – der Schulden hatte, Stress mit Geld, und Nächte, in denen kein Schlaf kam, weil der Kontostand lauter war als der eigene Kopf.

Wenn du das kennst – willkommen.

Du bist hier richtig.

Hier geht es nicht um Zahlen, sondern um Haltung.

Nicht um schnelle Gewinne, sondern um langsame Klarheit.

Nicht um Perfektion, sondern um Verantwortung.

Das Ziel dieses Buches ist einfach:

Du sollst dein Geld verstehen – und dich selbst dabei gleich mit.

Denn wer seine Finanzen nicht führt, wird irgendwann von ihnen geführt.

Und das ist kein Lebensplan.

Also lies das hier nicht wie ein Lehrbuch.

Lese es wie eine Landkarte.

Nicht jeder Weg führt dich direkt ans Ziel, aber jeder zeigt dir, wo du gerade stehst – und was du ändern kannst.

Wenn du das verstanden hast, dann hast du schon halb gewonnen.

— Leonard

## Wie du diesen Kompass liest

Dieser Kompass ist kein Kurs und kein Ratgeber.

Er ist ein Werkzeug – dafür gemacht, dass du dich selbst verstehst, bevor du dein Geld verwaltest.

Jedes Kapitel ist wie ein kleiner Spiegel:

Es zeigt dir, wo du gerade stehst – und wo du dich selbst belügst.

Und wenn du ehrlich liest, wirst du dich in vielen dieser Seiten wiederfinden.

Damit du dich orientieren kannst, gibt es einen festen Ablauf:

Nach der Einleitung findest du den 20-Fragen-Kompass.

Er ist kein Test, sondern eine ehrliche Standortbestimmung.

Beantworte jede Frage mit Ja oder Nein –nicht so, wie du gern wärst, sondern so, wie du gerade wirklich bist.

Im Laufe des Buches wirst du auf Sätze stoßen wie:

„Wenn du Frage XY mit Ja beantwortet hast, lies dieses Kapitel besonders aufmerksam."

Das ist kein Trick.

Das ist dein persönlicher Wegweiser.

Denn Geld ist nie das eigentliche Problem – es ist nur der Spiegel deines Verhaltens.

Jedes Kapitel folgt einem klaren Muster:

- eine kurze Einleitung,
- ein reales Fallbeispiel,

- die zentralen Prinzipien,
- Reflexionsfragen,
- ein ehrlicher Real Talk,
- und ein Fazit, das dich zurück ins Leben bringt.

So bleibst du in Bewegung – nicht nur finanziell, sondern innerlich.

Der Vermögens-Kompass ist kein Sprint, sondern ein Prozess.

Wenn du dir erlaubst, langsam zu lesen, wirst du mehr gewinnen, als du am Anfang suchst:

Klarheit. Kontrolle. Ruhe.

*Tipp:*
*Nimm dir einen Zettel, notiere die Nummern der Fragen, die du mit „Ja“ beantwortet hast, und nutze ihn als Lesezeichen.*
*So erkennst du sofort, welche Themen dich am meisten angehen.*
*Lese ehrlich.*
*Lese langsam.*
*Lese für dich.*

# Einleitung

Viele Menschen leben in einem Zustand ständiger finanzieller Unruhe.

Sie arbeiten, sie zahlen, sie hoffen – und nennen das Sicherheit.

Doch hinter der Routine steckt oft etwas anderes: Angst.

Angst davor, dass das Geld nicht reicht.

Angst davor, Fehler zu machen.

Angst davor, ehrlich hinzusehen, weil man spürt, dass man vieles zu lange verdrängt hat.

Dieser Kompass ist kein Ratgeber für Reiche.

Er ist für alle, die zu spät angefangen haben – und trotzdem losgehen wollen.

Er ist kein Buch über Zahlen, Zinsen oder Produkte.

Er ist ein Buch über Entscheidungen.

Über Verantwortung.

Über den Moment, in dem du aufhörst, Opfer deiner Finanzen zu sein und beginnst, dein eigenes System zu bauen.

Viele Menschen reden über Geld, als wäre es das Wichtigste im Leben.

Aber das ist es nicht.

Geld ist ein Werkzeug.

Nicht mehr – aber auch nicht weniger.

Es kann Freiheit schaffen – oder Abhängigkeit.

Es kann Frieden bringen – oder ständigen Druck.

Die Frage ist nicht, wie viel du hast, sondern wer das Sagen hat: du oder dein Kontostand.

Wenn du bisher das Gefühl hattest, dass dir Geld immer wieder entgleitet, liegt das nicht an Pech oder Schicksal.

Es liegt daran, dass du nie gelernt hast, wie Geld wirklich funktioniert – weil es dir niemand beigebracht hat.

Nicht in der Schule.

Nicht zu Hause.

Und schon gar nicht im System, das davon lebt, dass du abhängig bleibst.

Aber das hier ändert sich jetzt.

Du wirst lernen, Geld zu verstehen, ohne Angst, ohne Scham, ohne Ausreden.

Du wirst begreifen, dass finanzielle Bildung kein Luxus ist, sondern Selbstschutz.

Dieser Kompass führt dich nicht zu Reichtum, sondern zu Freiheit.

Und Freiheit beginnt, wenn du dich nicht mehr von Zahlen einschüchtern lässt.

Lese langsam.

Denk mit.

Mach Notizen.

Denn alles, was du hier liest, hat ein Ziel: dass du am Ende sagen kannst:

„Ich weiß, was ich tue. Und ich tue es für mich."

# Der 20-Fragen-Kompass

Bevor du in das erste Kapitel einsteigst, nimm dir ein paar Minuten Zeit für diesen Selbsttest.

Er ist kein Quiz – sondern ein Spiegel.

Beantworte jede Frage ehrlich mit Ja oder Nein.

Wenn du dich nicht entscheiden kannst, zähle es als Ja – denn Zweifel zeigt, dass das Thema in dir arbeitet.

Es gibt kein „richtig" oder „falsch".

Aber je ehrlicher du bist, desto klarer wirst du dich selbst erkennen.

**Die 20 Fragen**

1. Fühlst du dich regelmäßig gestresst, wenn du an Geld denkst?
2. Hast du das Gefühl, dass du oft arbeitest – aber trotzdem nie wirklich vorankommst?
3. Hast du schon mal etwas gekauft, nur um dich besser zu fühlen?
4. Fällt es dir schwer, langfristig zu sparen oder Rücklagen zu bilden?
5. Hast du Schulden oder offene Zahlungen, die dich belasten?
6. Weißt du genau, wie viel du im Monat für was ausgibst – oder eher nicht?
7. Hast du schon einmal neue Schulden gemacht, um alte zu bezahlen?

8. Kontrollierst du dein Konto oder Depot zu oft – aus Angst, etwas zu verpassen?
9. Denkst du manchmal, dass Geld nur etwas für „andere Leute“ ist?
10. Glaubst du, dass Reiche meistens unfair zu ihrem Geld kommen?
11. Hast du das Gefühl, du verdienst zu wenig, um etwas ändern zu können?
12. Wartest du auf den „richtigen Moment“, um endlich mit dem Sparen oder Investieren anzufangen?
13. Hast du schon einmal etwas gekauft, das du gar nicht gebraucht hast – und dich danach geärgert?
14. Fällt es dir schwer, über Geld offen zu sprechen – selbst mit Familie oder Freunden?
15. Hast du Angst vor Fehlern, wenn es ums Investieren geht?
16. Hast du schon mal finanzielle Entscheidungen aus Stress oder Panik getroffen?
17. Fühlst du dich manchmal überfordert von all den Finanzthemen da draußen?
18. Kontrollierst du lieber kurzfristig deine Ausgaben, statt langfristig zu planen?
19. Glaubst du, dass du „einfach kein Finanztyp“ bist?
20. Weißt du, was finanzielle Freiheit für dich persönlich bedeutet?

Lies die Fragen ruhig ein zweites Mal. Vielleicht ändern sich einige Antworten, wenn du weiter liest – und genau das ist der Sinn dieses Tests.

Du wirst dich in vielen Kapiteln wiederfinden. Aber je ehrlicher du antwortest, desto gezielter zeigt dir dieser Kompass, wo du ansetzen musst, um wirklich frei zu werden – im Kopf, nicht nur auf dem Konto.

KAPITEL 1

# Warum Geld nie dein Freund war

Wenn du dein ganzes Leben lang mit Geld gekämpft hast, liegt das selten an deinem Gehalt. Und schon gar nicht daran, dass du dumm, faul oder undiszipliniert bist. Der wahre Grund ist einfacher – und härter:

Du und Geld – ihr wart nie Freunde.

**Du hast gelernt:**

- Geld ist zum Ausgeben da.
- Man gönnt sich etwas, wenn man es hat.
- Sparen heißt, man verpasst etwas.
- Und Reiche? Die sind irgendwie ... anders. Vielleicht sogar skrupellos.

Solche Gedanken entstehen nicht über Nacht. Sie schleichen sich ein – über Jahre, Jahrzehnte. Vielleicht durch dein Elternhaus, durch Werbung, Fernsehen, Schule. Ein System, das dir vieles beibringt – nur nicht, wie man mit Geld umgeht.

Du bekommst Geld – und es brennt dir in der Tasche. Eine Sonderzahlung? Schon ausgegeben, bevor du überhaupt darüber nachdenken kannst.

- Du willst sparen – aber am Ende bleibt nichts übrig.
- Du willst investieren – aber du hast Angst, es zu verlieren.

**Warum?**

Weil Geld für dich nie ein Werkzeug war – sondern ein Fluchtmittel. Ein Mittel gegen Frust. Gegen Langeweile. Gegen Leere. Du kaufst dir etwas – kurz fühlst du dich besser. Doch dann ist es wieder da, dieses Gefühl:

„Ich habe nichts. Ich bin pleite. Ich komme nicht voran."

*Wenn du Frage 1 mit Ja beantwortet hast – also wenn Geld für dich Stress bedeutet – lies diesen Abschnitt besonders ehrlich.*

**Geld – der stille Feind**

Viele sehen Geld unbewusst als Gegner. Weil es immer fehlt. Weil andere scheinbar mühelos mehr haben. Weil man glaubt: „Ich schaffe das nie."

Doch genau da liegt der Fehler. Solange du Geld ablehnst, wird es nie bleiben. Solange du denkst, du kommst damit nicht klar, wirst du es auch nicht.

Geld ist neutral. Es macht aus einem Arschloch einen reichen Arsch –

und aus einem Ehrenmann einen Investor mit Prinzipien.

*Wenn du bei Frage 3 genickt hast, weil du dich manchmal mit Käufen tröstest, erkennst du hier den Mechanismus, der dich festhält.*

**Die entscheidende Frage**

Wann beginnst du, mit Geld Frieden zu schließen? Nicht, indem du morgen ein Depot eröffnest. Nicht, indem du dich krampfhaft zusammenreißt. Sondern indem du dir eingestehst:

„Ja – ich hatte ein gestörtes Verhältnis zu Geld. Aber das ist Vergangenheit.

Ab heute lerne ich, wie man es besser macht."

Denn der erste Schritt zur finanziellen Freiheit ist kein ETF. Kein Sparplan. Es ist der Gedanke:

„Ich bin bereit, mich mit Geld zu versöhnen."

### Erziehung, Umfeld, Schule – du wurdest nie vorbereitet

Wenn du heute denkst: „Ich hätte das alles viel früher lernen sollen" – dann hast du recht. Denn niemand bringt dir bei, wie man mit Geld umgeht. Nicht in der Schule. Nicht in der Ausbildung. Oft auch nicht im Elternhaus. Stattdessen bekommst du Regeln mit auf den Weg wie:

- „Über Geld spricht man nicht."
- „Reiche sind skrupellos."
- „Lieber sicher als riskant."
- „Aktien sind doch nur was für Zocker."

Und daraus entsteht ein Mindset, das dich blockiert, bevor du überhaupt anfängst.

*Wenn du Frage 6 mit Ja beantwortet hast, nimm diesen Abschnitt als Startpunkt.*

## Überblick kommt nicht von Wissen – sondern von Ehrlichkeit.

### Dein Umfeld prägt deine finanzielle Realität

Wenn du in einem Umfeld aufgewachsen bist, in dem Geld immer knapp war, hast du gelernt:

- „Geld ist immer ein Kampf."
- „Man muss sich durchbeißen."
- „Schulden gehören halt dazu."
- „Ich kann mir das nicht leisten."

Vielleicht hast du erlebt, wie deine Eltern jeden Cent dreimal umdrehen mussten. Oder du kennst das Gefühl, am Monatsende zu hoffen, dass nichts Unvorhergesehenes passiert. Diese Erfahrungen nimmst du mit – auch als Erwachsener. Selbst dann, wenn du heute mehr verdienst.

**Denn die Wahrheit ist:**
Es geht nie nur um Geld. Es geht um das, was du über Geld gelernt hast – und um das, was du daraus gebaut hast.

## Warum die Schule versagt hat

Statt zu lernen, wie Zinseszins funktioniert, musstest du den Satz des Pythagoras auswendig können. Statt zu lernen, wie man ein Budget plant, hast du Gedichtanalysen geschrieben. Statt eine Steuererklärung auszufüllen, hast du Reimschemata gelernt, die du nie wieder brauchst.

Die Schule hat dich auf das System vorbereitet – nicht auf das Leben. Und genau deshalb bist du jetzt hier. Weil du weißt, dass du nachholen musst, was dir niemand beigebracht hat.

Und weißt du was?

Es ist nicht zu spät.

Und du bist nicht allein.

Millionen Menschen stehen genau da, wo du jetzt bist.

Der Unterschied ist nur:

**Du tust jetzt etwas.**

## Warum mehr Einkommen dich nicht automatisch reicher macht

Du verdienst heute mehr als vor zehn Jahren – und fragst dich trotzdem: „Wo ist das ganze Geld hin?"

Ganz einfach:

Weil du dein Verhalten angepasst hast – aber nicht dein Denken. Je mehr Geld du hast, desto mehr gibst du aus. Und du merkst es kaum.

- Früher Kleinwagen – heute SUV.
- Früher Aldi – heute Lieferdienst.

- Früher Fernseher – heute Home Cinema.

Es ist nicht das Einkommen, das dich reich macht. Es ist dein Verhalten. Wer 1.500 € verdient und 300 € spart, ist reicher als jemand mit 4.000 €, der bei null rauskommt.

## Konsum – Trostpflaster mit Nebenwirkungen

Du denkst, du belohnst dich. In Wahrheit fütterst du ein Loch, das nie voll wird. Denn Konsum ist wie Zucker für die Seele:

Kurz süß – dann leer.

Du hattest eine harte Woche? Du bestellst dir etwas.

Projekt abgeschlossen? Du gönnst dir etwas.

Schlechter Tag? Konsum.

Klingt harmlos. Ist es aber nicht. Denn du trainierst dir an:

„Ich brauche einen Kauf, damit es mir gut geht."

Und genau das hält dich fest.

## Besitz ist nicht Wohlstand

Viele Dinge zu besitzen heißt nicht, Vermögen zu haben. Dein Auto verliert jeden Tag an Wert. Dein Fernseher ist in zwei Jahren veraltet. Deine neue Uhr interessiert in sechs Wochen niemanden mehr – nicht einmal dich selbst. Wohlstand ist das, was bleibt, wenn du aufhörst zu arbeiten. Nicht das, was in deinem Wohnzimmer steht.

### Die wichtigste Erkenntnis

Niemand zwingt dich:

- auf Raten zu kaufen
- Essen zu bestellen, obwohl du kochen kannst
- zehn Abos zu zahlen, obwohl du eines nutzt

Es sind deine Entscheidungen.

Jeden Tag.

Immer wieder.

**Und das ist die gute Nachricht:**

Wenn du es verbockt hast – kannst du es auch reparieren.

### Real Talk

Du kannst kein gesundes Verhältnis zu Geld aufbauen, solange du dich dafür schämst, keins zu haben.

Geld ist keine Frage von Glück – sondern von Bewusstsein.

Du musst dich nicht schämen, dass du Fehler gemacht hast.

Nur dann, wenn du sie wiederholst.

### Fazit

Geld war nie dein Freund, weil du es nie verstanden hast.

Aber Verständnis ist lernbar.

Und sobald du begreifst,

dass Geld nichts mit Wert zu tun hat – sondern mit Haltung –,

beginnt sich alles zu drehen.

*Im nächsten Kapitel erfährst du, warum Schuldenfreiheit oft schon finanzielle Freiheit bedeutet – und wie du diesen Zustand Schritt für Schritt erreichst.*

KAPITEL 2

# Schuldenfrei ist der erste Schritt

Wenn Menschen über finanzielle Freiheit sprechen, denken viele sofort an tropische Strände, ein Leben ohne Arbeit und ein Konto, das jeden Monat Dividenden ausschüttet.

Klar – das ist die Traumversion.

Aber echte Freiheit beginnt viel früher.

In dem Moment, in dem du niemandem mehr etwas schuldest.

*Wenn du Frage 5 mit Ja beantwortet hast, lies diesen Abschnitt besonders aufmerksam.*

Schulden sind kein Schicksal – sie sind eine Entscheidungskette, die du durchbrechen kannst.

## Schulden sind wie Fußfesseln

Solange du Schulden hast, arbeitest du nicht für dich. Du arbeitest für die Bank. Für den Versandhändler. Für dein Dispo. Für den Autokredit.

Jeden Monat geht ein Teil deines Gehalts an andere – ob du willst oder nicht. Schulden nehmen dir die Luft zum Atmen. Sie schränken deine Freiheit ein: deine Entscheidungen, deine Lebensqualität, deinen Kopf.

Selbst wenn du gut verdienst, fühlt es sich oft an, als würdest du ständig hinterherlaufen.

**Und jetzt kommt der Gamechanger:**

Sobald diese Fesseln weg sind, passiert etwas, das viele unterschätzen.

*Wenn du Frage 7 mit Ja beantwortet hast, weil du schon einmal neue Schulden gemacht hast, um alte zu bezahlen: Genau hier liegt der Ausweg aus diesem Kreislauf.*

## Der Moment, in dem das Geld bei dir bleibt

Wenn du keine Raten mehr zahlst, keine Mahnungen mehr bekommst, keine Zinsen mehr verbrennst – dann bleibt das Geld bei dir. Und dieser Moment ist für viele der erste echte Schritt Richtung Freiheit. Plötzlich merkst du:

- Ich kann planen.
- Ich kann Ziele setzen.
- Ich kann sparen.
- Ich kann investieren.

Oder einfach ruhig schlafen – ohne Angst, dass der nächste Geldeingang sofort wieder verschwindet.

Viele unterschätzen, wie befreiend Schuldenfreiheit ist.

Kein Ferrari. Kein Palmenstrand.

Aber der Moment, in dem dein Leben endlich dir gehört.

*Wenn du Frage 9 oder 14 mit Ja beantwortet hast, lies hier langsamer: Es geht nicht nur um Zahlen – es geht um Vertrauen in dich selbst.*

## Psychologische Freiheit

Schuldenfreiheit ist mehr als ein finanzieller Zustand. Sie verändert, wie du dich fühlst. Du bist nicht mehr Getriebener – du bist wieder Steuermann. Und genau das ist der Kern finanzieller Freiheit: Kontrolle.

Du steuerst wieder. Und das ist tausendmal mehr wert als jeder kurzfristige Luxus.

## Die erste Etappe ist geschafft

Ich sage nicht, dass du bei Schuldenfreiheit stehenbleiben sollst. Wer mehr will, darf weitergehen: investieren, Vermögen aufbauen, Einkommen schaffen. Aber wer es schafft, seine Schulden loszuwerden, hat die erste große Etappe hinter sich.

Viele werden sie nie erreichen, weil sie sich immer tiefer in Verbindlichkeiten verstricken.

Mal ehrlich: Wie viele Menschen kennst du, die komplett schuldenfrei sind? Kein Dispo. Kein Ratenkauf. Kein Handyvertrag mit 36 Monatsraten.

Eben.

Und genau deshalb ist Schuldenfreiheit für viele schon echte finanzielle Freiheit – oder zumindest der erste Geschmack davon.

*Wenn du bei Frage* ***11*** *genickt hast, mach dir eines klar:*
*Schuldenfreiheit ist keine ferne Vision. Sie ist ein realistisches Etappenziel.*

## Warum finanzielle Freiheit für jeden anders aussieht

Finanzielle Freiheit ist kein Standardmodell. Sie sieht bei jedem anders aus – und genau das macht sie wertvoll. Es gibt keine allgemeine Definition.

Nur deine.

Für den einen heißt sie: nie wieder arbeiten müssen.

Für den anderen: vier Tage Woche.

Und wieder andere sagen:

„Ich will einfach abends ruhig schlafen können – ohne Mahnungen, Inkasso oder Dispo-Angst."

### Der Vergleich macht dich kaputt

Die meisten vergleichen sich. Sie sehen Typen auf YouTube, die ihr Depot mit einer Million zeigen, Lamborghini fahren, zwei Immobilien besitzen und behaupten:

„Das ist finanzielle Freiheit."

Aber mal ehrlich: Willst du das überhaupt? Oder ist das nur ein fremdes Ziel, das du dir unbewusst übergestülpt hast?

### Deine Version, dein Weg

Wenn du 1.500 Euro im Monat brauchst, um gut zu leben, dann bist du frei, wenn du 1.500 Euro an passivem Einkommen hast.

Ein anderer braucht 3.000 Euro, weil Haus, Kinder oder andere Prioritäten dran hängen.

Es gibt kein „richtig" oder „falsch".

Nur passend – oder unpassend zu deinem Leben.

### Wer wenig braucht, ist schneller frei

Es geht nicht darum, wie viel du verdienst, sondern wie viel du brauchst. Wer seine Ausgaben senkt, senkt automatisch die Schwelle zur Freiheit.

Ein Mensch mit 1.000 Euro Monatsbedarf ist viel schneller frei als jemand, der 3.000 Euro braucht, nur um seinen Lifestyle zu finanzieren – selbst wenn dieser mehr verdient.

## Die Illusion vom großen Reichtum

Viele glauben, finanzielle Freiheit bedeute „reich sein".

**Bullshit.**

Reichtum heißt nicht automatisch Freiheit – und Freiheit heißt nicht automatisch Reichtum. Es gibt Menschen mit hohem Einkommen, die trotzdem in Ketten leben: weil sie alles wieder ausgeben, sich verschulden, keine Rücklagen haben und fremdbestimmt sind.

Und es gibt Menschen mit einfachen Mitteln, die ein kleines Depot aufbauen, ihre Ausgaben im Griff haben und frei sind – weil sie keine Angst mehr vor Rechnungen haben.

**Die größte Lüge: „Ich verdiene zu wenig, um etwas zu ändern."**

Das ist einer der gefährlichsten Glaubenssätze überhaupt.

- „Ich kann nichts sparen, ich verdiene zu wenig."
- „Für Aktien reicht mein Einkommen nicht."
- „An finanzielle Freiheit brauche ich gar nicht zu denken."

Weißt du was? Nicht dein Einkommen ist das Problem. Es ist dein Umgang damit.

## Der Teufelskreis des kleinen Geldes

Ja, viele verdienen wenig – keine Frage. Aber statt die Ausgaben zu minimieren, werden sie oft maximiert: neue Verträge, neue Ratenkäufe, neue Wünsche.

Warum?

Weil man sich für das viele Arbeiten belohnen will. Weil man denkt, das Leben müsse sich gut anfühlen – selbst wenn es auf Pump ist.

Doch genau das ist die Falle.

Sie hält dich fest in einem Kreislauf aus Arbeiten, Ausgeben, Warten aufs Gehalt.

Repeat.

*Wenn du **Frage 17 oder 18** mit Ja beantwortet hast, lies das hier zweimal: Finanzielle Überforderung löst man nicht mit mehr Wissen – sondern mit klareren Entscheidungen.*

## Der erste Schritt ist kein Geld – sondern Haltung

Veränderung beginnt nicht auf dem Konto. Sondern in deinem Kopf.

Sobald du den Satz streichst: „Ich kann eh nichts ändern", öffnet sich die Tür. Selbst wenn du nur 20 Euro im Monat sparen kannst – fange genau damit an. Denn der erste Schritt baut keinen Reichtum auf, sondern ein Fundament: **Disziplin, Klarheit, Fokus.**

Und genau das brauchst du, wenn du später Vermögen aufbauen willst.

## Konsum oder Kapital

Jede Ausgabe ist eine Entscheidung: Willst du dich belohnen – oder befreien? Eine neue Konsole, ein neues Handy, eine neue Couch – oder 100 Euro ins Depot.

Klingt unsexy?

Ist es auch.

Aber es bringt dich weiter.

Und das Beste:

Du musst gar nicht „verzichten". Du musst nur verschieben.

Nicht „nie wieder".

Sondern „nicht jetzt".

Nicht, weil du es dir nicht wert bist – sondern weil du dir mehr wert bist.

## Der eigentliche Preis: deine Zeit

Jeder Euro, den du heute ausgibst, ist Zeit, die du später länger arbeiten musst. Und umgekehrt: Jeder Euro, den du heute investierst, kauft dir morgen Zeit zurück.

Vielleicht ein Jahr.

Vielleicht zehn.

Vielleicht Rente mit 60 statt 67.

Finanzielle Freiheit beginnt nicht mit viel Geld. Sie beginnt mit einem Satz: „Ich mache etwas daraus – egal, wie klein es heute ist."

**Reflexionsfragen**

1. Welche Schulden halten mich aktuell am stärksten fest – und warum?
2. Wie würde sich mein Alltag verändern, wenn ich heute komplett schuldenfrei wäre?
3. Wo belohne ich mich mit Konsum, obwohl ich mich eigentlich nur beruhigen will?
4. Was ist meine persönliche Definition von Freiheit – und wie nah bin ich ihr wirklich?

**Real Talk**

Schuldenfreiheit ist kein Statussymbol. Sie ist Selbstachtung. Jede Rate, die du abzahlst, ist ein Stück Freiheit, das du dir zurückholst. Und jeder Euro, den du nicht ausgibst, ist Zeit, die du gewinnst. Finanzielle Freiheit ist kein Traum für Reiche – sie ist der Lohn für Menschen, die ehrlich zu sich selbst werden.

**Fazit**

Finanzielle Freiheit ist kein Ziel, das man kaufen kann. Sie ist ein Prozess. Ein Weg. Du musst kein Millionär werden. Du musst nur herausfinden, was für dich „genug" ist. Dann kannst du anfangen, genau darauf hinzuarbeiten – Schritt für Schritt.

*Im nächsten Kapitel geht es um Kontrolle:*
*darum, wie du aus Schuldenfreiheit echte Stabilität machst und endlich aufhörst, dein Geld zu verlieren, bevor du es verdienst.*

KAPITEL 3

# Warum die Rente kein Sicherheitsnetz mehr ist

(und warum das kein Drama ist, sondern eine Einladung)

Früher war „Ruhestand“ ein Versprechen:

Wer sein Leben lang gearbeitet hat, wurde im Alter versorgt.

Das war keine Romantik. Das war ein System, das funktioniert hat.

Heute tut es das nicht mehr.

Die gesetzliche Rente wird für die meisten Menschen nicht ausreichen – nicht für ein selbstbestimmtes Leben, nicht für Sicherheit, und schon gar nicht für Freiheit.

Das ist keine Panikmache. Das ist eine nüchterne Rechnung.

*Wenn du Frage 1 mit Ja beantwortet hast – also innerlich noch hoffst, dass „es schon irgendwie reichen wird“ – dann lies dieses Kapitel aufmerksam. Nicht aus Angst, sondern aus Klarheit.*

## Warum das System an seine Grenzen kommt

Das deutsche Rentensystem funktioniert nach dem Umlageprinzip:

Die Arbeitenden zahlen die Rente der aktuellen Rentner.

Früher kamen auf einen Rentner mehrere Einzahler. Heute sind es oft weniger als zwei –und es werden weiter weniger.

Das bedeutet für dich, wenn du heute unter 50 bist:

- längere Lebensarbeitszeit
- höhere Beiträge
- geringere reale Kaufkraft im Alter

Nicht irgendwann. Sondern sehr wahrscheinlich.

Abwarten ist hier keine neutrale Entscheidung. Es ist die Entscheidung, die Kontrolle abzugeben.

## Der Rentenbescheid – warum er trügerisch ist

Der Rentenbescheid zeigt dir eine Zahl.

Aber er zeigt dir nicht:

- Inflation
- Steuern
- Kranken- und Pflegeversicherung
- steigende Lebenshaltungskosten

Er rechnet mit einer Idealbiografie:

durchgehend gesund, durchgehend beschäftigt, durchgehend einzahlend.

Diese Welt gibt es kaum noch.

Der Bescheid ist kein Versprechen. Er ist eine Momentaufnahme unter optimalen Annahmen.

### Was das für dich bedeutet

Du kannst zwei Dinge tun:

hoffen – oder planen.

Niemand wird diese Verantwortung für dich übernehmen. Aber du kannst sie übernehmen. Und genau darin liegt deine Stärke.

Je früher du anfängst, desto kleiner müssen die Schritte sein. Je später du anfängst, desto mehr Druck entsteht.

Der Plan muss nicht perfekt sein. Er muss nur existieren.

## Finanzielle Eigenverantwortung ist kein Luxus

Sie ist kein Egoismus. Sie ist Selbstschutz.

Wer heute handelt, kauft sich später Entscheidungsfreiheit. Wer heute wegschaut, zahlt später mit Einschränkung.

Die gesetzliche Rente kann ein Baustein sein. Aber sie darf nicht dein Fundament sein.

**Reflexionsfragen**

1. Verlasse ich mich innerlich noch auf den Rentenbescheid – oder habe ich bereits einen eigenen Plan?
2. Welche drei konkreten Schritte kann ich in den nächsten 30 Tagen starten?
3. Welche Ausgaben würden mich im Alter am härtesten treffen, wenn die Kaufkraft sinkt?

**Fazit**

Die Rente war einmal ein Versprechen.

Heute ist sie ein Hinweis.

Ein Hinweis darauf, dass Eigenverantwortung keine Option mehr ist –

sondern Voraussetzung für Freiheit.

Nicht jammern.

Nicht hoffen.

Sondern handeln.

Weil niemand dein Leben so ernst nimmt wie du selbst.

KAPITEL 4

# Warum Aufschieben dich mehr kostet als falsche Entscheidungen

Wenn du an dem Punkt bist, an dem du merkst:

„Die Rente wird nicht reichen“, dann ist das kein Grund für Panik.

Es ist der Moment, in dem Verantwortung Sinn ergibt.

Nicht, weil alles brennt. Sondern weil Zeit auf deiner Seite ist – wenn du sie nutzt.

Zeit ist der stärkste Hebel in der Vermögensbildung. Je früher du beginnst, desto weniger Druck entsteht später.

Zeit ist kein Gegner – sie ist dein Multiplikator

Ein einfaches Beispiel:

Eine Person beginnt mit 25 Jahren, monatlich 100 € zu investieren. Eine andere startet erst mit 45.

Beide wollen am Ende dasselbe erreichen.

Der Unterschied ist nicht das Talent. Nicht das Einkommen. Es ist Zeit.

Der spätere Einstieg erfordert kein bisschen mehr Disziplin – sondern ein Vielfaches an Geld.

Nicht, weil er „schlechter“ ist. Sondern weil ihm der Zinseszinseffekt fehlt.

Zeit vervielfacht Entscheidungen. Nicht Wissen.

## Warum Wissen allein nichts verändert

Die meisten Menschen wissen das. Und trotzdem handeln sie nicht.

Nicht aus Dummheit. Sondern weil sie sich Geschichten erzählen:

- „Ich verdiene zu wenig."
- „Ich habe Schulden – jetzt geht das nicht."
- „Ich muss erst Ordnung rein bringen."

Das Problem ist nicht, dass diese Gedanken existieren. Sondern dass sie nicht hinterfragt werden.

Du musst nicht perfekt starten. Du musst überhaupt starten.

25 € oder 50 € im Monat verändern dein Leben nicht sofort. Aber sie verändern dein Verhalten.

Und Verhalten ist der Anfang von allem.

## Kleine Schritte schlagen große Vorsätze

Wer immer auf den perfekten Moment wartet, beginnt nie.

Wer heute klein anfängt, baut etwas auf, das wachsen kann.

Du brauchst kein Startkapital. Keine Strategie. Keine Börsenkenntnisse.

Du brauchst eine Entscheidung, dieses Thema nicht länger zu verschieben.

## Verantwortung ist kein Druck – sie ist Freiheit

Niemand wird dir diese Entscheidung abnehmen. Aber niemand hält dich auch davon ab.

Das ist kein Drohszenario. Es ist eine Einladung.

Du kannst heute beginnen, dir Schritt für Schritt eine eigene Altersvorsorge aufzubauen – unabhängig vom System, unabhängig von Versprechen.

Nicht, um reich zu werden. Sondern um würdevoll zu leben.

## Drei typische Ausreden – und was wirklich dahintersteckt

„Ich verdiene zu wenig."

Oft stimmt das Gefühl – nicht die Schlussfolgerung. Es geht nicht um die Höhe. Es geht darum, überhaupt anzufangen.

„Ich kenne mich nicht aus."

Niemand hat angefangen, weil er alles wusste. Man lernt, indem man sich ernst nimmt.

„Jetzt ist ein schlechter Zeitpunkt."

Der perfekte Moment kommt nicht. Aber der jetzige Moment ist real.

Ein kleiner Schritt heute ist mächtiger als jede perfekte Planung morgen.

### Reflexionsfragen

1. Welche Ausrede nutze ich am häufigsten – und wofür schützt sie mich?
2. Welcher kleine Schritt wäre heute realistisch?
3. Was würde passieren, wenn ich einfach beginne – ohne perfekten Plan?

### Fazit

Zeit ist kein Luxus. Sie ist der entscheidende Faktor.

Nicht Wissen entscheidet über Freiheit. Sondern der Moment, in dem du beginnst.

Nicht irgendwann. Sondern jetzt – in deiner Realität, mit deinen Möglichkeiten.

*Der nächste Schritt ist kein großer Sprung. Er ist einfach der nächste.*

KAPITEL 5

# Raus aus dem Schuldenkreislauf – der Befreiungsplan

Bevor wir über ETFs, Sparpläne oder Vermögensaufbau sprechen, kommt zuerst das hier: Schulden abbauen.

Solange du Schulden hast, arbeitest du nicht für dich. Du arbeitest für andere.

Wenn du schuldenfrei bist, kannst du dieses Kapitel überspringen. Wenn nicht, lies jetzt aufmerksam weiter.

Denn Schulden sind nicht nur ein finanzielles Problem. Sie wirken psychisch, emotional – und bei vielen sogar gesundheitlich.

*Wenn du Frage 1 oder 2 mit Ja beantwortet hast, lies diesen Abschnitt besonders ehrlich. Das hier ist kein moralisches Thema. Es ist ein Befreiungsplan.*

## Schritt 1: Aufhören, wegzuschauen

Viele Menschen ignorieren ihre Schulden so lange wie möglich. Briefe bleiben ungeöffnet. Anrufe werden weggedrückt. Man hofft, dass es sich irgendwie von selbst erledigt.

Tut es nicht.

Solange du nicht hinschaust, wachsen die Schulden – und mit ihnen der innere Druck.

Der erste Schritt ist deshalb nicht zahlen. Der erste Schritt ist sehen.

Mach dir eine Liste:

- Wer will Geld von dir?
- Wie viel genau?
- Zu welchen Konditionen (Zinsen, Raten, Laufzeit)?
- Gibt es Inkasso, gerichtliche Schritte oder Pfändungen?

Du kannst nur verändern, was du klar vor dir hast.

*Wenn du Frage 3 mit Ja beantwortet hast und Finanzen gern verdrängst: Setz dich genau hier hin und fange an. Nicht perfekt. Nur ehrlich.*

## Schritt 2: Schulden ordnen

Nicht alle Schulden sind gleich belastend. Darum brauchst du Ordnung.

Teile sie in drei Gruppen:

**1 – Kritische Schulden (sofort handeln)**

- Dispo
- Inkasso-Forderungen
- Mietrückstände
- Strom, Gas, Versicherungen

**2 – Verbraucherschulden (dringend abbauen)**

- Ratenkäufe (Media Markt, Otto, Klarna etc.)
- Handyverträge mit Geräten
- 0-%-Finanzierungen

**3 – Langfristige Schulden (später prüfen)**

- Autokredit
- Baufinanzierung (wenn tragbar)

Die Regel ist einfach:

Du beginnst oben. Mit dem, was dich am schnellsten unter Druck setzt.

*Wenn du Frage 5 oder 6 mit Ja beantwortet hast:*
*Diese Liste ersetzt jedes Bauchgefühl.*

## Schritt 3: Kontakt aufnehmen – bevor andere den Ton angeben

Das ist unangenehm, aber entscheidend:

Wer redet, behält Handlungsspielraum. Wer schweigt, verliert ihn.

Nimm Kontakt zu den Gläubigern auf. Erklär deine Lage. Frag nach Raten, Stundung oder Vergleichen.

Inkasso lebt von Unsicherheit. Sobald du aktiv wirst, verschiebt sich das Machtverhältnis.

Und ja: Verhandeln ist erlaubt. Auch Nachlässe sind möglich – aber nur, wenn du sprichst.

*Wenn du Frage 7 mit Ja beantwortet hast:*
*Erinnere dich daran – Schweigen kostet fast immer mehr als Reden.*

## Schritt 4: Ein kleiner Notgroschen – bevor du tilgst

Auch wenn es eng ist:

Du brauchst einen kleinen Puffer, bevor du aggressiv Schulden abbaust.

100 bis 500 Euro.

Nicht als Sparziel. Als Sicherheitsgurt.

Warum?

Weil jede ungeplante Ausgabe sonst sofort neue Schulden erzeugt.

Ohne Puffer bleibst du im Kreislauf. Mit Puffer entsteht zum ersten Mal Ruhe.

*Wenn du Frage 9 mit Ja beantwortet hast:*
*Lies diesen Abschnitt ruhig zweimal. Ein Notgroschen ist kein Luxus – er ist Stabilität.*

## Schritt 5: Schulden mit Plan tilgen – Snowball oder Avalanche

Es gibt zwei bewährte Methoden.

Beide funktionieren – wenn du bei einer bleibst.

**1 – Snowball-Methode (Schneeball)**

- Kleinste Schuld zuerst
- Schnell erledigen
- Motivation durch sichtbaren Fortschritt

**2 – Avalanche-Methode (Lawine)**

- Höchster Zinssatz zuerst
- Langfristig günstiger
- Mehr mathematische Effizienz

Wichtig ist nicht die Methode. Wichtig ist die Entscheidung.

*Wenn du Frage **10** mit Ja beantwortet hast:*
*Triff sie heute. Aufschub kostet Geld – Planung schafft Kontrolle.*

## Schritt 6: Keine neuen Verpflichtungen

Ab hier gilt eine klare Regel:

Keine Zahlungen auf später. Keine neuen Raten. Keine neuen Kredite.

Kein Klarna. Kein „PayPal – später zahlen“. Kein Dispo.

Wenn du aus dem Loch raus willst, darfst du kein neues graben.

Erst stabilisieren. Dann planen.

*Wenn du Frage **11** mit Ja beantwortet hast:*
*Mach dir bewusst – jede Ausnahme verlängert den Weg zurück in die Ruhe.*

## Schritt 7: Hilfe annehmen – wenn du allein nicht weiterkommst

Sich Hilfe zu holen ist kein Versagen. Es ist Verantwortung.

Nutze seriöse, kostenlose Schuldnerberatungen:

- Caritas
- Diakonie
- AWO
- Verbraucherzentrale

Meide Anbieter mit:

- Gebühren im Voraus
- unrealistischen Versprechen
- Zeitdruck
-

*Wenn du Frage **14 oder 15** mit Ja beantwortet hast und merkst, dass du festhängst:*
*Unterstützung ist kein Umweg – sie ist oft die Abkürzung.*

## Schuldenfrei bleiben – der eigentliche Test

Schulden loszuwerden ist schwer. Sie nicht wieder zu machen, ist die eigentliche Kunst.

Was dich hineingebracht hat, war selten ein einzelner Fehler. Es war ein Muster.

Und genau dieses Muster musst du jetzt ersetzen.

### Kein Dispo – dauerhaft

Der Dispo ist keine Hilfe. Er ist eine teure Illusion.

Kündige ihn sobald möglich. Stell dein Konto auf Guthabenbasis um. Behalte Daueraufträge im Blick.

### Keine Ratenkäufe – auch nicht bei 0 %

Auch 0 % bedeutet Verpflichtung. Und Verpflichtungen nehmen dir Luft. Wenn du etwas heute nicht vollständig bezahlen kannst, kannst du es dir im Moment nicht leisten.

### Haushaltsbuch – dein Radar

Kein Excel-Monster. Kein Drama.

Nur Klarheit:

- Was kommt rein?
- Was geht raus?
- Wo fließt Geld ohne Wirkung?

Einmal im Monat drauf schauen. Mehr braucht es nicht.

Wissen schafft Kontrolle.

## Emotionale Trigger erkennen

Viele Schulden entstehen nicht aus Not – sondern aus Gefühlen.

Frust. Langeweile. Belohnung. Ablenkung.

Frag dich künftig:

„Will ich das – oder will ich mich gerade beruhigen?“

Diese Frage spart mehr Geld als jeder Spartipp.

Der Notgroschen – dein finanzieller Airbag

Bevor du investierst, brauchst du ihn:

500 Euro. Nur für echte Notfälle.

Kein Konsum. Keine Ausnahmen.

Er bringt keine Rendite – aber er schützt dich vor Rückschritten.

**Fazit**

Egal, wie hoch deine Schulden sind – sie definieren nicht deinen Wert.

Sie sind ein Zustand. Und Zustände lassen sich ändern.

Es braucht Entschlossenheit. Ein paar Jahre Konsequenz. Und die Bereitschaft, Verantwortung zu übernehmen.

Dafür bekommst du etwas, das unbezahlbar ist: Ruhe.

**Real Talk**

Der Notgroschen ist kein Luxus. Er ist dein Eintritt in ein stabiles Finanzleben.

*Er schützt dich. Er beruhigt dich. Und er macht den nächsten Schritt erst möglich: Vermögensaufbau.*
*Aber erst, wenn das Fundament steht.*

KAPITEL 6

# Schuldenfrei bleiben – Systeme statt Willenskraft

Du hast es geschafft. Keine Mahnungen mehr. Kein Dispo. Keine Raten. Du bist raus aus den Schulden – endlich.

Und jetzt?

Jetzt beginnt ein Teil der Reise, den viele unterschätzen: schuldenfrei bleiben.

Denn so verrückt es klingt: Viele rutschen wieder rein. Nicht, weil sie dumm sind – sondern weil sie die Ursachen nicht verändert haben.

## Warum Rückfälle so häufig sind

Alte Gewohnheiten: Kaufen, um Stress zu betäuben.

Emotionale Muster: „Ich gönne mir was – ich hab es verdient."

Kein finanzielles Polster: Ein kaputtes Auto, und das Chaos beginnt wieder.

Null Struktur: Keine Übersicht, kein Plan, nur Hoffnung.

Neue Verlockungen: Kreditkarte, Ratenzahlung, Leasing, „nur kurz finanzieren".

Schuldenfreiheit macht dich nicht unverwundbar. Sie gibt dir nur die Chance auf einen echten Neustart.

Jetzt brauchst du ein System, das dich schützt.

Fünf Regeln, die dich dauerhaft schuldenfrei halten

**1 – Notgroschen – keine Ausreden**

Mindestens 500–1.000 € als eiserne Reserve. Nur für echte Notfälle. Kein „Ich lege es später wieder rein".

Ohne Notgroschen wird jedes Problem automatisch teuer.

**2 – Klare Budgetgrenzen – kein Bauchgefühl**

Geld, das keine Aufgabe hat, verschwindet. Immer.

Mach es simpel:

Miete, Essen, Freizeit, Rücklagen, Sparen

Jeder Euro bekommt einen Platz. Das gibt dir Kontrolle statt Chaos.

**3 – Keine „schnellen Verträge" mehr**

Kein Leasing. Keine 0-%-Finanzierung. Kein Handy auf Raten. Kein „nur 20 € im Monat".

Regel:

Was du nicht bar zahlen kannst, kannst du dir nicht leisten.

Das klingt hart – aber es schützt dein Leben.

**4 – Erkenne deine Rückfall-Trigger**

Frag dich: Wann kaufst du?

- Wenn du enttäuscht bist?
- Wenn dir langweilig ist?
- Wenn du dich belohnen willst?
- Wenn andere sich etwas leisten?

Ersetze die Trigger durch neue Routinen:

Spaziergang statt Shopping, Gespräch statt Kauf, Plan statt Impuls

Nicht Konsum löst das Gefühl – Klarheit tut es.

**5 – Monatliche Reflexion – kurz, aber ehrlich**

Einmal pro Monat, 10 Minuten:

Was lief gut?

Was lief nicht gut?

Wo hätte ich anders handeln können?

Keine Selbstvorwürfe. Nur Beobachtung – dann Verbesserung.

Das ist mächtiger als jede App.

**Bonus: Sag Nein – auch zu dir selbst**

„Ich hab es verdient" ist kein Argument für Schulden. Es ist ein emotionaler Reflex.

Was du wirklich verdienst, ist:

Ruhe, Klarheit, Sicherheit, ein Leben ohne Angst vor Rechnungen

Das ist echte Belohnung. Nicht ein Fernseher, der nach zwei Jahren nichts mehr wert ist.

**Reflexionsfragen**

1. Was war in meiner Vergangenheit der größte Auslöser für Schulden?
2. Welche Käufe mache ich aus Emotion – und nicht aus Bedarf?
3. Habe ich einen funktionierenden Notgroschen?
4. Welche Verhaltensmuster muss ich bewusst ersetzen?
5. Was ist mein persönlicher Grund, nie wieder in Stressschulden zu rutschen?

**Real Talk**

Schuldenfreiheit ist kein Zustand. Sie ist eine Entscheidung, die du jeden Monat erneuerst.

Viele schaffen den Ausstieg. Nur wenige schaffen die Stabilität.

Warum?

Weil sie ihre alten Muster behalten.

Du bist nicht „schwach“, wenn du kämpfst. Du bist stark, weil du hinguckst.

Rückfälle sind kein Schicksal – sie sind das Ergebnis von fehlenden Systemen.

Du hast jetzt eins.

**Fazit**

Du hast dich befreit.

Jetzt schützt du, was du aufgebaut hast.

Rückfallprävention bedeutet:

weniger Impuls, mehr Struktur, weniger Emotion, mehr Klarheit, weniger „ich gönne mir“, mehr „ich plane mein Leben“

Freiheit ist nicht das Ende der Reise. Sie ist dein neuer Anfang.

# Disclaimer

Ab hier trägst du Verantwortung – Investieren verstehen statt nachmachen

Ab hier geht es um Geldanlagen. Um ETFs, Aktien und Investmentstrategien.

Wir sprechen über konkrete Beispiele. Namen werden fallen. Unternehmen werden genannt. Unternehmen, die gestern noch Geheimtipps waren – und heute schon keine mehr sind.

Und genau deshalb muss eines klar sein:

Das hier ist keine Finanzberatung.

Ich zeige dir, wie man investieren kann – nicht, wie du investieren sollst.

Wenn ich über bestimmte Aktien, ETFs oder Strategien spreche, dann sind das:

Beispiele – keine Empfehlungen.

Ideen – keine Anleitungen.

Impulse – keine Entscheidungen.

Denn nur du kennst deine finanzielle Situation. Nur du weißt, wie viel Risiko du tragen kannst. Und nur du entscheidest, ob ein Investment wirklich zu dir passt.

**Verantwortungsanker 1**

Wenn du beim Lesen denkst:

„Das klingt gut, das mache ich auch“, halte kurz inne.

Prüfe zuerst, ob du verstehst, warum es funktioniert – nicht nur, dass es funktioniert.

**Warum dieser Hinweis so wichtig ist**

Weil es beim Investieren nicht ums Nachmachen geht – sondern ums Verstehen, Bewerten und eigenverantwortliche Handeln.

Was für mich oder andere funktioniert, kann für dich genau der falsche Weg sein.

Oder der richtige.

Aber das weiß nur einer: du.

Deshalb gilt:

***Mach deine eigene Recherche. Hol dir bei Unsicherheit professionelle Unterstützung. Und investiere nur Geld, auf das du im Notfall verzichten kannst.***

**Verantwortungsanker 2**

Wenn du Frage 19 oder 20 im Kopf hast – also ob du wirklich weißt, wie du mit Risiko umgehst –, lies diesen Teil doppelt.

Investieren ist kein Spiel. Es ist Strategie.

Und jetzt: Lass uns loslegen

Du bist bereit, Verantwortung zu übernehmen.

Du hast deine Finanzen in den Griff bekommen. Du hast Schulden abgebaut. Du hast Rücklagen aufgebaut.

Und jetzt geht es darum, dass dein Geld für dich arbeitet.

**Verantwortungsanker 3**

Wenn du bis hierhin gekommen bist, hast du den schwersten Teil bereits geschafft.

Ab jetzt geht es nicht mehr darum, dich zu retten – sondern darum, dein System aufzubauen.

**Ab in den Kaninchenbau.**

KAPITEL 7

# Vom Sparer zum Investor – wie dein Geld für dich arbeitet

Du hast es bis hierher geschafft? Respekt.

Die meisten Menschen bleiben bei einem Gedanken stehen:

„Ich müsste mal meine Finanzen regeln ... irgendwann."

Du bist weitergegangen. Du hast angefangen, dich damit zu beschäftigen – und das allein ist ein Wendepunkt.

Jetzt kommt die wichtigste Frage:

Was machst du mit dem Geld, das du nicht mehr für Schulden, Stress oder Spontankäufe verbrennst?

Die Antwort ist einfach:

Du lässt es für dich arbeiten.

Aber bevor wir loslegen:

Ab hier beginnt ein neues Spiel – und es hat andere Regeln als das alte.

**Verantwortungsanker**

*Wenn du Frage 18 oder 19 aus der Liste mit Ja beantwortet hast, lies diesen Abschnitt besonders aufmerksam.*

Denn ab jetzt geht es nicht mehr um Talent oder Wissen.

Es geht um Disziplin. Und Disziplin kann jeder lernen.

## Regel Nr. 1 – Reich wirst du langsam (aber sicher)

Online erzählen dir viele:

„In sechs Monaten reich."

„Schnell Geld machen."

„Ein Kurs, ein Trick, ein Geheimnis."

Vergiss das alles.

Die Wahrheit ist simpel:

Vermögensaufbau ist unspektakulär. Vermögensaufbau ist langfristig. Vermögensaufbau ist unsexy – aber zuverlässig.

Es gibt keine Abkürzung.

Aber es gibt einen Plan:

Sparplan → Monat für Monat → stetiges Wachstum

### Reflexionsfrage zu Regel 1

*Wenn du Frage 12 mit Ja beantwortet hast, dann ist hier dein Antwortsatz: Der richtige Moment kommt nicht. Du machst ihn.*

## Regel Nr. 2 – Kein großes Geld nötig

Viele denken:

„Ich kann erst investieren, wenn ich 1.000 oder 10.000 Euro habe."

Das ist falsch.

Die Wahrheit ist:

Schon 25 bis 50 Euro im Monat verändern langfristig dein Leben.

Warum?

Weil du damit drei Dinge aufbaust.

Erstens: Gewohnheit. Du hörst auf, impulsiv oder aus Stress zu handeln.

Zweitens: Automatisierung. Der Sparplan läuft, ob du Lust hast oder nicht.

Drittens: Zeit.

Zeit ist der wichtigste Erfolgsfaktor – wichtiger als Geld.

Reflexionsfrage zur Regel 2

*Wenn du Frage 8 oder 9 mit Ja beantwortet hast, dann ist das deine Gegenmedaille: Du brauchst keine große Summe. Du brauchst nur einen Start.*

## Regel Nr. 3 – Du investierst nicht in Produkte, sondern in dich

Viele fragen:

„Soll ich Aktie X kaufen? ETF Y?“

Das ist die falsche Frage.

Die richtige Frage lautet:

Was soll mir dieses Geld eines Tages ermöglichen?

Weniger Stress. Mehr Freiheit. Zeit. Sicherheit. Bessere Entscheidungen. Ruhe im Kopf.

Aktien und ETFs sind nur die Werkzeuge. Du bist das Projekt.

Bevor du investierst, brauchst du nur eine Klarheit:

## Was willst du eigentlich erreichen?

Investieren ist kein Hobby und kein Statussymbol.

Es ist ein Werkzeug für:

ein entspanntes Leben, weniger Sorgen, ein finanzielles Fundament, Alternativen statt Abhängigkeiten.

Beispiele für Ziele:

„Nicht arm im Alter sein."

„Arbeitszeit reduzieren können."

„Finanziell unabhängiger werden."

„Ein Geldpolster aufbauen, das mir Sicherheit gibt."

Etappenziele reichen völlig:

25.000 Euro in zehn Jahren. 150 Euro Dividenden im Monat. Oder einfach: „Ich will ruhig schlafen."

## Dein erstes Depot – so einfach wie ein Netflix-Abo

Ein Depot ist nur ein Konto, über das du investieren kannst. Kein Hexenwerk.

Du brauchst:

Personalausweis, Steuer-ID, IBAN, 10–20 Minuten Zeit.

Bekannte Anbieter (keine Empfehlung):

Trade Republic, Scalable Capital, ING, Consors, comdirect.

Achte auf:

kostenlose Sparpläne, einfache Bedienung, gute ETF-Auswahl.

Wichtig:

Depot eröffnen. Durchatmen. Nicht sofort kaufen.

## Was ist ein ETF?

Stell dir vor:

Ein ETF ist ein großer Einkaufswagen voller Unternehmen.

Du kaufst den ganzen Wagen – nicht eine einzelne Firma.

Beispiel:

Ein ETF wie der MSCI World enthält über 1.600 Unternehmen aus vielen Ländern.

Vorteile:

weniger Risiko, sehr geringe Kosten, sparplanfähig, läuft automatisch.

## Ausschüttend vs. thesaurierend – kurz und knapp erklärt

Ausschüttend: Du bekommst Geld ausgezahlt.

Thesaurierend: Das Geld wird automatisch reinvestiert.

Beides ist gut – abhängig von deinem Ziel.

## Warum schon 1 Euro wichtig ist

Manche Broker erlauben Sparpläne ab 1 Euro.

Das verändert nicht deine Finanzen. Aber es verändert dich.

Du wirst vom Zuschauer zum Investor.

Der Zinseszinseffekt – der Motor deines Vermögens

Wenn du 50 Euro pro Monat investierst (bei ca. 7 % Durchschnittsrendite):

10 Jahre: rund 8.600 Euro

20 Jahre: rund 24.000 Euro

30 Jahre: rund 56.000 Euro

40 Jahre: rund 120.000 Euro

Davon sind nur 24.000 Euro dein eigenes Geld. Der Rest kommt vom Wachsen lassen.

*Wenn du Frage **10 oder 11** mit Ja beantwortet hast, dann ist das der Beweis: Du hast genug, um zu starten.*

## Was tun, wenn dein Depot im Minus ist?

Minus? Willkommen an der Börse. Das bedeutet nicht, dass du etwas falsch machst. Die Börse schwankt. Immer. Und sie hat sich in jeder Krise wieder erholt. Die zwei größten Fehler fehler die du jetzt machen könntest; Panikverkauf oder deine Sparplan stoppen.

Crash bedeutet Ausverkauf. Rabatte. Dein Verhalten entscheidet alles. Dein Depot einmal im Monat checken, auf Jahre denken und Ruhig bleiben. Ein ETF zum Beispiel ist kein Glücksspiel. Es ist ein Anteil an echten Unternehmen.

*Wenn du Frage **12 oder 13** kennst, lies diesen Satz laut:*
*Ruhe ist eine Renditequelle.*

## Vom Sparplan zur Strategie

Sparplan ist Routine. Strategie ist bewusste Richtung.

Drei Fragen bestimmen deine Strategie:

1. Wie lange willst du investieren?
2. Was ist dein wichtigstes Ziel?
3. Wie viel Schwankung kannst du aushalten?

Die einfachste Struktur:

70–80 % Welt-ETF

10–20 % Ergänzung (Europa, Emerging Markets, Dividende) maximal 10

% Einzelaktien

## Dividenden – dein zweites kleines Einkommen

Dividenden sind Auszahlungen von Unternehmen an ihre Anleger.

Beispiel:

Zehn Coca-Cola-Aktien bringen rund 18 Dollar im Jahr.

Vorteile:

regelmäßige Ausschüttung, psychologisch beruhigend, oft wachsend.

Für Anfänger:

Erst Dividenden-ETF. Dann gezielt Einzelaktien.

*Wenn du Frage 15 oder 16 mit Ja beantwortet hast, markiere diesen Abschnitt. Er ist dein Einstieg in ruhiges, planbares Geld.*

### Aktien 1×1 – einfache Qualitätskriterien

Gute Dividendenaktien erkennst du an:

3–6 % Rendite (solide), unter 70 % Ausschüttungsquote, lange Dividendenhistorie, wachsender Gewinn, klarer Vorteil gegenüber der Konkurrenz.

Warnung:

Renditen über 8–10 % bedeuten oft Risiko.

### Fazit

Du hast jetzt die Grundlagen verstanden. Du weißt, wie man anfängt. Du weißt, wie Geld für dich arbeiten kann. Ab hier geht es um Struktur, Strategie und Stabilität. Und der wichtigste Satz lautet:

Nicht die Rendite bringt dir Freiheit – sondern deine Konsequenz.

KAPITEL 8

# Das Cashflow-Depot – wie Dividenden regelmäßig für dich arbeiten

Jetzt kommt der Teil, auf den viele am meisten Lust haben:

Monat für Monat Dividenden kassieren und spüren, wie dein Geld für dich arbeitet.

Das ist der Moment, in dem viele zum ersten Mal denken:

„Okay ... Geld kann wirklich zurückkommen."

Aber bevor du zu sehr in die Begeisterung rutschst, muss eines klar sein:

Ein Cashflow-Depot entsteht nicht zufällig.

Es ist kein Lotto. Es ist kein Glück. Es ist kein „Ich kaufe mal drei coole Aktien und hoffe aufs Beste".

Ein Cashflow-Depot basiert auf:

## Planung, Strategie, Struktur

Wenn du regelmäßige Einnahmen willst, brauchst du ein System. Nicht Gefühle. Nicht Hypes. Ein System.

**Reflexionsanker (Frage 17 und 18)**

*Wenn du oft das Gefühl hast, überfordert zu sein oder lieber kurzfristig zu denken, dann ist dieser Satz für dich:*
*Struktur schlägt Stimmung. Immer.*

## Was ist überhaupt ein Cashflow-Depot?

Stell dir vor, du baust dir eine kleine Geldmaschine. Keine große. Keine, die dich reich macht. Eine, die zuverlässig kleine Beträge auszahlt – jeden Monat oder regelmäßig übers Jahr verteilt. Ein Cashflow-Depot ist ein Depot, das regelmäßig Geld ausschüttet (Dividenden), auf verlässliche Unternehmen setzt, die Zahlungsmonate verteilt, damit nicht alles im selben Monat kommt, breit aufgestellt ist, damit du ruhig schlafen kannst. Ein Cashflow-Depot ist nicht dafür da, Millionär zu werden. Es ist dafür da, monatlich planbares Einkommen zu erzeugen.

### Ziel: Monatliche Ausschüttungen – wie geht das?

Die meisten US-Unternehmen zahlen viermal im Jahr – aber nicht alle im gleichen Monat. Und genau das kannst du nutzen.

**Beispielhafte Zahlungszyklen in den USA:**

- Januar / April / Juli / Oktober: Johnson & Johnson, PepsiCo
- Februar / Mai / August / November: Procter & Gamble
- März / Juni / September / Dezember: Coca-Cola, Microsoft

Wenn du diese Unternehmen kombinierst, bekommst du über das Jahr verteilt laufende Ausschüttungen. Dazu kommen Unternehmen, die monatlich zahlen, zum Beispiel Realty Income, EPR Propertys, Main Street Capital uva.

Europäische Unternehmen zahlen meist ein- bis zweimal im Jahr. Sie sind eher Bonus – nicht die Basis.

**Reflexionsanker (Frage 9 und 10)**
*Wenn du denkst:*
*„Ich kann nicht planen“ oder „Ich verliere bei so etwas sofort den Überblick“:*
*Nutze dieses Beispiel als Bauplan. Es ist einfacher, als es aussieht.*

## So baust du dein Cashflow-Depot

### Schritt 1 – Basis auswählen (5–10 Unternehmen)

Nimm Unternehmen, die: seit vielen Jahren Dividenden zahlen, zuverlässig sind, aus verschiedenen Branchen stammen.

### Schritt 2 – Zahlungsmonate verteilen

Ziel: In jedem Monat fließt Geld.

### Schritt 3 – Breit aufstellen

Nicht nur Konsum. Nicht nur Technologie. Mehrere Länder, mehrere Branchen.

### Schritt 4 – Quartalszahler und Monatszahler kombinieren

Damit schließt du Lücken im Kalender.

**Ein einfaches Beispiel-Depot**
**Januar:** Johnson & Johnson – Gesundheit
**Februar:** Realty Income (monatlich) – Immobilien
**März:** Coca-Cola – Getränke
**April:** PepsiCo – Konsum
**Mai:** Main Street Capital (monatlich) – BDC / Finanzierung
**Juni:** Microsoft – Technologie
**Juli:** 3M – Industrie
**August:** STAG Industrial – Immobilien
**September:** Unilever – Konsum
**Oktober:** McDonald's – Gastronomie

**November:** Procter & Gamble – Haushalt
**Dezember:** AT&T – Telekommunikation

### Tipps, die wirklich wichtig sind

Am Anfang alles reinvestieren. Qualität ist wichtiger als hohe Prozentzahlen. Langsam aufbauen. Sparpläne nutzen – sie nehmen Druck raus.

#### Reflexionsanker (Frage 13)

Wenn du leicht den Überblick verlierst:

Drucke diese Tabelle aus oder übertrage sie in eine Notiz-App. Ordnung ist Ruhe.

## Depotstruktur und Rebalancing – Ordnung für deine Geldmaschine

Ohne Struktur passiert Folgendes:

Du kaufst spontan. Du hast irgendwann acht Konsumunternehmen. Du hast Klumpenrisiko. Du bekommst Stress. Deshalb brauchst du eine Grundordnung.

Basis (60–70 %): Große, zuverlässige Dividendenzahler.

Ergänzung (20–30 %): Höhere Dividendenzahler wie REITs oder BDCs.

Spielwiese (maximal 10 %): Einzelpositionen, Experimente.

Sektorregel: Keine Branche über 25–30 %.

Rebalancing: Einmal pro Jahr prüfen und anpassen.

#### Reflexionsanker (Frage 14 und 15)

*Wenn du oft spontan investierst oder Panikentscheidungen triffst:*
*Dieses Kapitel schützt dich vor dir selbst. System schlägt Impuls.*

*Aufstocken oder nicht?*

## Die Sechs-Punkte-Regel

Bevor du nachkaufst, stell dir diese Fragen:

1. Ist das Geschäftsmodell stabil?
2. Ist die Dividende verlässlich?
3. Ist die Rendite sinnvoll – nicht zu hoch, nicht zu niedrig?
4. Ist die Position im Depot zu klein?
5. Hat das Unternehmen einen Burggraben?
6. Passt der Zahlungsmonat in deinen Kalender?

Nicht nachkaufen, wenn du nur Verluste „glätten" willst, du aus FOMO (Fear of missing out = Aus Angst etwas zu verpassen) handelst oder du einem Hype hinterherläufst.

## Die Reinvest-Routine

Du bekommst zum Beispiel 50 Euro Dividende. Du schaust in deine Liste. Du kaufst dort nach, wo die Qualität hoch ist und/oder ein Monat noch schwach besetzt ist.

Kernpositionen (z. B. Microsoft, Johnson & Johnson, Coca-Cola) regelmäßig. Ergänzungspositionen (REITs, BDCs) vorsichtig dosiert.

Dividenden reinvestieren – der Turboeffekt

**Reinvestieren heißt:**

Du legst die Dividende sofort wieder an. Das ist der Kern des Zinseszinseffekts.

Vorteile:

dein Depot wächst Monat für Monat, kleine Beträge reichen aus, Teilaktien ermöglichen Mini-Käufe, du bleibst motiviert, weil du Fortschritte siehst.

**Reflexionsanker (Frage 16)**

*Wenn du Dividenden oft ausgibst:*
*Neue Regel: Erst reinvestieren. Später feiern.*

## Monats-Cashflow planen – so schließt du Lücken

Dafür brauchst du deine Zahlungsmonate, einen einfachen Dividendenkalender, Unternehmen, die Lücken füllen, Monatszahler als Bonus, Sparpläne für Rhythmus.

*Wenn du Frage 8 oder 9 mit Ja beantwortet hast:*
*Fang heute mit einem kleinen Dividendenkalender an. Er muss nicht schön sein. Er muss funktionieren.*

**Von Dividenden leben – Traum oder Plan?**

Formel: Einkommen = Kapital × Dividendenrendite

Beispiel: Ziel: 12.000 Euro pro Jahr (1.000 Euro pro Monat)

2 % → 600.000 Euro

3 % → 400.000 Euro

4 % → 300.000 Euro

5 % → 240.000 Euro

6 % → 200.000 Euro

Ja, das klingt hoch. Aber mit Zeit, Geduld und Reinvest kommt man weiter, als man denkt.

Beispiel:

250 Euro pro Monat, ca. 6 % Rendite

10 Jahre → ca. 40.000 Euro

20 Jahre → ca. 116.000 Euro

30 Jahre → ca. 245.000 Euro

Das entspricht rund 12.250 Euro Dividenden pro Jahr.

Teilfreiheit ist realistisch. Denn 300 bis 700 Euro monatlich verändern ein Leben bereits massiv. Und das Entscheidende durch das Reinvestieren sinkt der Teil, den du selbst zuschießen musst.

Fixer Sparbetrag:

300 Euro Sparrate – 50 Euro Dividende = 250 Euro neues Kapital.

**Reflexionsanker (Frage 19 und 20)**
*Wie viel brauchst du wirklich? Und warum?*
*Schreib deine Zahl auf.*

**Fazit**
Ein Cashflow-Depot ist kein Glücksspiel. Es ist ein System, das dir Monat für Monat ein zweites Einkommen aufbaut. Mit Struktur, Reinvest und Ruhe, baust du dir etwas auf, das nicht laut ist. Nicht hektisch. Sondern planbar.

KAPITEL 9

# Depotpflege & Wartung – damit dein System stabil bleibt

Du hast ein Depot.

Du bekommst Dividenden.

Du hast Struktur, Plan, Übersicht.

**Willkommen in Phase 2**

Phase 1 war: Aufbauen.

Phase 2 ist: Pflegen – damit alles sauber weiter läuft.

Ein Depot braucht keine tägliche Aufmerksamkeit. Kein rum klicken. Kein Panik-Refresh.

Aber es braucht Regelmäßigkeit mit Verstand.

*Wenn du Frage 13 oder 14 mit Ja beantwortet hast, dann ist dieses Kapitel dein Sicherheitsgurt.*

## Warum Depotpflege entscheidend ist

Ein Depot ohne Pflege ist wie ein Garten ohne Gärtner:

Gute Pflanzen wachsen zu stark und nehmen anderen das Licht. Schwache Pflanzen ziehen Energie und bleiben trotzdem schwach. Irgendwann kippt das Gleichgewicht.

Du musst kein Börsen-Gärtner sein. Aber du solltest ein wachsamer Beobachter sein.

Einmal im Jahr reicht.

## Der jährliche Depot-TÜV

Wann?

Am Jahreswechsel oder am „Geburtstag“ deines Depots (zum Beispiel der Monat, in dem du begonnen hast).

**1 – Dividendenentwicklung prüfen**

Welche Unternehmen haben ihre Dividende erhöht?

Welche stagnieren?

Gab es Kürzungen?

Wichtig: Das ist keine Panikliste. Es ist ein Frühwarnsystem.

**2 – Gewichtung checken**

Ist die Verteilung noch so, wie du geplant hast?

Ist eine Position zu groß geworden?

Dann Rebalancing: neues Geld gezielt woanders hinlenken.

**3 – Branchen und Länder prüfen**

Ist ein Sektor zu dominant? (Regel: kein Bereich über 25–30 %)

Bist du zu stark in einer Währung? (zum Beispiel 90 % USA)

**4 – Sparpläne anpassen**

Stell dir einfache Fragen:

Passt meine Sparrate noch zu meinem Leben?

Will ich bestimmte Zahler stärken?

Muss ich etwas reduzieren oder pausieren?

Feintuning statt Komplettumbau.

**5 – Dividendenkalender prüfen**

Kommt das Geld gleichmäßig im Jahr an?

Fehlen Monate?

Lücken lassen sich oft leicht schließen – mit Monatszahlern oder passenden Quartalszahlern.

**Hilfsmittel**

Parqet → Gewichtung, Performance, Dividendenverlauf, Kalender

Divvydiary → Dividendenkalender, Historie, Prognosen

Je besser deine Übersicht, desto entspannter deine Entscheidungen.

**Reflexionsanker (Frage 16)**
*Wenn du Entscheidungen oft aus Stress triffst:*
*Mach deinen Depot-TÜV zu einem fixen Termin im Kalender. Einmal pro Jahr. Nicht mehr.*

## Mit dem Leben mitwachsen – dein Depot als Begleiter

Ein Depot ist kein starres Konstrukt. Es wächst mit dir und deiner Lebenssituation.

Beispiele:

Mehr Einkommen? → Sparrate hoch.

Teilzeit, Jobwechsel, Rente? → Risiko runter.

Neues Ziel? → Strategie anpassen.

Dein Depot begleitet dich – nicht umgekehrt.

Depotpflege ist keine Kontrolle. Depotpflege ist Verantwortung.

Nicht täglich reinschauen. Aber auch nicht jahrelang blind lassen.

*Wenn du Fragen 11 oder 12 mit Ja beantwortet hast, dann trage dir jetzt den nächsten Check-Termin ein.*

## Die zehn größten Fehler – und wie du sie vermeidest

1. **Zu viele Einzelaktien ohne Plan: 34 Werte, keine Übersicht:** maximal 15–20 ernsthafte Positionen.
2. **Renditegeilheit - „8 % Dividende – her damit!“:** Oft Warnsignal für Kürzung oder Probleme: Qualität vor Prozentzahl.
3. **Klumpenrisiken - Fünf REITs, sechs Ölwerte, vier Banken ...,** Wenn ein Bereich fällt, fällt alles: Branchen und Länder mischen.
4. **Nie Cash halten, immer voll investiert bedeutet: keine Flexibilität:** 2–5 % Cashpool – zum Beispiel aus Dividenden.
5. **Zu oft ins Depot schauen -** Tageskurse machen nervös, aber nicht reich: einmal pro Monat reicht.
6. **Nachkaufen, weil etwas gefallen ist, Minus heißt nicht automatisch** Chance: Erst Geschäftsmodell prüfen, dann kaufen.
7. **Kein Ziel, kein Plan - „Irgendwie investieren“ führt nirgendwo hin:** Ziel definieren, Etappen festlegen, Plan festhalten.
8. **Panik bei Rücksetzern - Minus 10 % und sofort „alles verkaufen“. Das ist der teuerste Fehler überhaupt:** Strategie und Zeithorizont erinnern.
9. **Steuern ignorieren - Freibetrag vergessen, Quellensteuer übersehen:** Sparer-Pauschbetrag nutzen (1.000 € / 2.000 €)
10. **Auf andere hören statt selbst zu denken - YouTube und TikTok sind nicht dein Leben:** Inspiration ja – Entscheidungen basieren auf

Wissen, nicht auf Stimmung.

**Reflexionsanker (Frage 17 und 18)**
*Wenn du oft impulsiv handelst oder Finanzthemen dich überfordern: Druck diese Fehlerliste aus. Hänge sie an die Wand. Sie ist dein Not-Aus-Schalter.*

## Automatisierung und Depotroutine – minimaler Aufwand, maximale Wirkung

**Warum automatisieren?**

Dein Plan führt sich selbst aus. Du bleibst dran, ohne ständig nachzudenken. Schutz vor emotionalem Chaos.

**Was du automatisieren kannst:**

Sparpläne (25–50 € auf mehrere Werte), Dauerauftrag vom Giro aufs Verrechnungskonto, Auto-Reinvest, Kalender-Reminder

**Einfache Erinnerungen:**

1. Januar → Jahrescheck
2. Juli → Halbjahrescheck
3. alle 3 Monate → Mini-Review

**Beispiel-Routine**

Monatliche Sparpläne laufen, die Dividenden werden optional reinvestieren. Quartalsweise werden Dividenden geprüft. Werte gezielt nachkaufen.

Halbjährlich einfach Branchen und Gewichtungen checken.

Jährlich: Voller Depot-TÜV, gegebenenfalls Ziele anpassen.

**Reflexionsanker (Frage 10 und 11)**

*Wenn du denkst, du verdienst zu wenig oder hast zu wenig Wissen: Automatisiere heute deinen ersten Sparplan. Der Rest wächst mit dir.*

**In sieben Schritten zu einem starken Dividenden-Depot**

1. Strategie festlegen (Ziel, Zeithorizont, Monatsziel)
2. Broker wählen (einfach, günstig, passende Sparpläne)
3. Fundament aufbauen (5–10 Basiszahler mit langer Historie)
4. Zahlungsmonate streuen (Quartal und Monatszahler)
5. Klein anfangen und automatisieren (25–50 €)
6. Regelmäßig pflegen (Mini-Check und Jahres-TÜV)
7. Gezielt ausbauen (Lücken schließen, Sparrate erhöhen)

**Ein Dividenden-Depot ist kein Sprint. Es ist ein zweites Einkommen im Aufbau.**

Konstanz schlägt Hype. Struktur schlägt Panik. Zeit arbeitet für dich – wenn du dranbleibst.

*Wenn du Frage 20 mit Ja beantwortet hast, schreibe jetzt dein erstes Etappenziel auf. Beispiel: „Ich will bis Ende nächsten Jahres 25 € Monats-Cashflow.“*

**Reflexionsfragen dieses Kapitels**

1. Was ist mein fixer Termin für den jährlichen Depot-TÜV?
2. Welche Positionen sind im übergewicht?
3. Wo habe ich weiße Flecken im Kalender?
4. Welcher der zehn Fehler passiert mir am häufigsten – und was ist mein Gegenritual?

**Real Talk**

Nicht Intelligenz baut Vermögen. Konsequenz tut es.

Wer einmal im Jahr ehrlich prüft und nicht ständig alles umwirft, schlägt 90 % aller hektischen Anleger – ohne mehr Wissen, ohne mehr Talent.

**Fazit**

Depotpflege ist keine Kür. Sie ist der Schutz deiner Strategie. Mit klaren Terminen, klarer Struktur und ruhiger Hand wächst dein System mit dir – Jahr für Jahr.

*Im nächsten Kapitel wird es ernst. Wir schauen uns an, woran man erkennt, wenn ein Dividendenzahler kippt, und wie du verhinderst, dass dein Cashflow-Depot zur Zeitbombe wird.*

KAPITEL 10

# Wenn Dividenden kippen – Warnsignale erkennen, bevor es weh tut

Dividenden fühlen sich großartig an. Geld kommt rein, ohne dass du dafür extra arbeiten musst.

Aber nicht jede Firma, die Dividenden zahlt, ist automatisch gut:

- Manche schütten Geld aus, obwohl sie keine echten Gewinne machen.
- Manche nehmen Schulden auf, nur um weiter „attraktiv" auszusehen.
- Manche wirken jahrelang stabil – und kürzen dann plötzlich oder streichen die Dividende komplett.

**Dein Job als Investor ist nicht:**

„Wo bekomme ich die höchste Prozentzahl?"

**Dein Job ist:**

Nicht nur auf die Rendite zu starren, sondern zu prüfen, ob dahinter Substanz steckt.

*Wenn du Frage **17 oder 18** mit Ja beantwortet hast, lies dieses Kapitel genau. Es kann dich vor genau den Abstürzen schützen, die viele nie kommen sehen.*

## Red Flag 1: Dividendenrendite „zu schön, um wahr zu sein“

Acht Prozent, zehn Prozent, vierzehn Prozent oder mehr? Klingt erst mal nach Jackpot. Ist aber oft ein Warnsignal.

Eine hohe Dividendenrendite entsteht häufig, weil der Aktienkurs stark gefallen ist. Und ein Kurs fällt selten ohne Grund.

Was du prüfen solltest:

- Macht das Unternehmen überhaupt Gewinn oder schreibt es seit Jahren Verluste?
- Wie hoch ist die Ausschüttungsquote (Payout Ratio)?

Das bedeutet: Wie viel vom Gewinn wird als Dividende ausgeschüttet?

Liegt sie dauerhaft über 100 Prozent, heißt das:

Es wird mehr ausgezahlt, als verdient wird. Das kann nicht lange gut gehen.

**Dividendenhistorie:**

Wird die Dividende seit Jahren stabil gezahlt oder ständig gesenkt, ausgesetzt, neu gestartet?

**Merksatz:**

Hohe Rendite ist kein Qualitätssiegel – sie ist oft ein Warnschild.

## Red Flag 2: Dividende wird aus Schulden oder Substanz bezahlt

Gesunde Dividenden kommen aus Gewinnen und frei verfügbarem Cashflow (das Geld, das nach allen laufenden Ausgaben übrig bleibt).

Sie sollten nicht kommen aus neuen Krediten, neuen Aktienemissionen, dem Verkauf von Firmenanteilen oder Immobilien, nur um weiter zahlen zu können

Wichtige Fragen:

- Ist der Free Cashflow positiv und reicht er aus, um die Dividende zu decken?
- Steigt die Verschuldung immer weiter, ohne dass die Gewinne mitziehen?
- Reicht der operative Gewinn also das Kerngeschäft, um die Ausschüttung zu tragen?

Wenn das dauerhaft nicht passt:

Finger weg – oder zumindest Finger an die Alarmglocke.

*Wenn du Frage 8 mit Ja beantwortet hast, mach hier bewusst einen Stopp.*

Schau dir eine deiner Dividendenaktien an:

- Wie hoch ist der Payout?
- Wie sieht der Free Cashflow aus?

Das ist echte Kontrolle – kein Panik-Refresh.

## Red Flag 3: Gewinne brechen dauerhaft ein

Der Gewinn pro Aktie ist der Motor eines Unternehmens. Wenn dieser Gewinn über mehrere Jahre sinkt, ist das kein kurzfristiger Schnupfen, sondern eher eine chronische Krankheit. Ohne stabile Gewinne ist jede Dividende ein Kartenhaus. Sie kann noch stehen – aber ein kleiner Windstoß reicht.

## Red Flag 4: Dividendenkürzungen als Muster

„Einmal Dividende gekürzt – kann doch passieren." Ja, einmal kann ein echter Sonderfall sein. Aber wenn ein Unternehmen immer wieder kürzt, streicht, neu startet, und dann erneut kürzt,dann ist das kein Zufall mehr, sondern ein Muster.

Gute Unternehmen kommen auch durch schwere Zeiten, ohne bei der Dividende ständig das Messer anzusetzen.

## Red Flag 5: Schulden rauf, Cashflow stagniert

Schulden sind nicht automatisch schlecht. Viele Unternehmen nutzen Kredite, um zu investieren und zu wachsen. Kritisch wird es, wenn die Schulden immer weiter steigen, der Cashflow nicht mit wächst, immer mehr Geld für Zinsen draufgeht.

**Grobe Orientierung:**

Verschuldung im Verhältnis zum Eigenkapital

(Debt-to-Equity):

- unter 1 → meist solide
- über 2 → kritisch
- über 3 → Alarmbereich, sehr genau hinschauen

**Wichtig ist auch:**

Werden Schulden wirklich abgebaut – oder nur immer wieder neu refinanziert?

## Red Flag 6: Viel Gerede, wenig Ergebnisse

Wenn du Geschäftsberichte oder Präsentationen liest, bestehen sie fast nur aus „Vision", „Strategie", „Zukunft"? Oder siehst du konkrete Fortschritte bei Gewinn, Cashflow, Verschuldung, operativer Entwicklung? Starke Unternehmen liefern Zahlen. Schwache liefern Geschichten.

## Red Flag 7: Schlechte oder undurchsichtige Kommunikation

Wenn ein Unternehmen kaum Informationen bereitstellt, keine klaren Übersichten liefert. Berichte verspätet oder unvollständig veröffentlicht, dann ist das selten ein Zeichen von Stärke.

Gute Unternehmen behandeln Aktionäre wie Partner. Schwache eher wie lästige Gäste.

**Fazit**

Du musst kein Profi sein. Du musst keine Bilanzen auswendig können.

Aber du solltest Muster erkennen, wie zu hohe Rendite, keine echte Gewinnbasis, wachsende Schulden, ständige Kürzungen, schlechte Kommunikation. Je früher du diese Warnzeichen siehst, desto mehr Geld, Zeit und Nerven sparst du dir.

Und genau darum geht es im Cashflow-Depot nicht um maximale Rendite, sondern um stabile, verlässliche Einnahmen ohne böse Überraschungen.

KAPITEL 11

# Dividende gekürzt – klar entscheiden statt emotional reagieren

Du fühlst dich sicher. Die Dividende kommt regelmäßig.

Und dann die Nachricht: Dividendenkürzung oder kompletter Stopp. Der Kurs bricht ein. Dein geplanter Cashflow wackelt.

Was jetzt?

## 1 – Keine Schönmalerei, aber auch keine Panik

Eine Dividendenkürzung ist ein Signal. Sie ist nicht automatisch ein Verkaufsbefehl. Aber sie ist immer ein Moment für maximale Aufmerksamkeit. Eine Kürzung sagt dir:

„So wie bisher funktioniert es nicht mehr."

Was sie nicht sagt:

„Du musst sofort alles verkaufen."

Aber sie zwingt dich, ehrlich hinzuschauen – ohne Hoffnung, ohne Ausreden.

## 2 – Einmalig oder strukturell?

Die wichtigste Frage lautet:

Ist das ein Ausreißer – oder ein Systemfehler?

Stell dir dazu diese Fragen:

Handelt es sich um einen Sondereffekt (zum Beispiel eine einmalige Krise, Gesetzesänderung, Naturkatastrophe)?

Oder siehst du seit Jahren sinkende Umsätze, Fehlentscheidungen im Management, steigende Schulden, schrumpfende Margen?

**Ein Beispiel:**

Bayer im Jahr 2024. Dividende von 2,40 Euro auf 0,11 Euro gekürzt.

**Hintergrund:**

Monsanto-Übernahme, juristische Altlasten, hohe Verschuldung.

Das ist kein „Pech gehabt". Das ist strukturell. Und strukturelle Probleme verschwinden nicht von allein.

## 3 – Deine Optionen nach einer Kürzung

Jetzt kommt der Teil, der wirklich zählt. Nicht die Nachricht. Nicht der Kurs. Sondern deine Entscheidung.

**Du hast drei Optionen:**

- Halten, wenn du an eine echte Erholung glaubst und Zeit, Geduld und Nerven hast.
- Verkaufen, wenn dein Hauptziel Cashflow war und die Dividenden-Story gebrochen ist.
- Aufstocken, aber nur dann, wenn die Zahlen eine reale Chance zeigen – nicht aus Trotz, nicht aus Hoffnung, nicht nach dem Motto: „Jetzt erst recht."

**Fazit**

Große Namen sind keine Garantie. Vergangenheit ist keine Zukunft. Das Entscheidende ist nicht, ob eine Dividende gekürzt wird. Das Entscheidende ist, wie du darauf reagierst. Lege deine Exit-Regeln fest, bevor du kaufst – nicht erst dann, wenn alles brennt. Denn im Feuer entscheidet man selten klug.

**Reflexionsanker**

*Wenn du Frage* ***12 oder 13*** *mit Ja beantwortet hast, markiere dieses Kapitel. Hier entscheidet sich, ob du Anleger bist – oder Beifahrer deiner Gefühle.*

KAPITEL 12

# Gefallene Engel & Risikokontrolle – Chancen nutzen, ohne dich zu verbrennen

„Gefallene Engel" sind Unternehmen, die früher beliebt waren, aber stark im Kurs und oft auch bei der Dividende eingebrochen sind.

**Allgemeine Beispiele:**

- AT&T
- General Electric
- Kraft Heinz
- Bayer

Solche Aktien wirken oft billig. Aber billig bedeutet nicht automatisch gut. Woran erkennst du echte Turnaround-Chancen?

Nicht am Kurs. Nicht an der Vergangenheit. Sondern an harten Fakten.

**Achte auf folgende Punkte:**

- Die Schulden werden abgebaut – nicht weiter erhöht.
- Der Free Cashflow steigt wieder.
- Es gibt einen klaren Plan und sichtbare Fortschritte.
- Das Geschäftsmodell hat Zukunft, der Markt wächst oder ist zumin-

dest stabil.
- Der Burggraben – also der Wettbewerbsvorteil – ist noch vorhanden.

Wenn mehrere dieser Punkte fehlen, ist es kein Turnaround, sondern Hoffnung.

## Pro und Contra von „gefallenen Engeln"

### Vorteile

Günstiger Einstieg ist möglich. Starke Erholungschancen, wenn die Wende wirklich gelingt.

### Nachteile

Unsicherer Cashflow. Hoher Stressfaktor. Lange Warteschleifen – drei bis fünf Jahre sind realistisch.

### Die entscheidende Frage

Würdest du diese Aktie heute neu kaufen – auf Basis der Zukunft, nicht der Vergangenheit? Wenn die Antwort Nein ist, dann sei ehrlich – auch wenn du bereits investiert bist.

## Risikoanalyse – wie ein Profi denken, ohne Profi sein zu müssen

Du musst kein Analyst sein. Aber du brauchst klare Grenzen.

### 1 – Einzelrisiko begrenzen

Eine einzelne Aktie sollte im Normalfall maximal 5–10 % deines Depotwertes ausmachen und maximal 10–15 % deines jährlichen Dividenden-

Cashflows liefern. Keine Lieblingskinder. Keine Sonderregeln.

### 2 – Sektorrisiko steuern

Nicht alles in einen Bereich. Nicht nur Öl. Nicht nur Banken. Nicht nur Immobilien. Die Faustregel sollte sein; kein Sektor über 25–30 %.

Eine gesunde Mischung kann zum Beispiel sein:

Gesundheit, Konsum, Industrie, Energie, Finanzen, Technologie, Immobilien.

### 3 – Währungsrisiken bewusst wählen

US-Dividenden hängen am Dollar. Fällt der Dollar, kommt bei dir weniger in Euro an – auch wenn die Dividende gleich bleibt.

Mögliche Lösung:

Streuung über mehrere Währungsräume, zum Beispiel:

USA, Europa, Japan, Australien.

Nicht alles auf eine Währung setzen.

### 4 – Cashflow streuen

Verlass dich nicht auf einen einzigen Dividendenhelden. Keine einzelne Firma sollte mehr als 10–15 % deines jährlichen Dividenden-Cashflows liefern. Sonst bist du abhängig. Und Abhängigkeit ist das Gegenteil von Stabilität.

### 5 – Risikofilter vor dem Kauf

Stell dir vor jedem Neukauf diese Fragen:

- Ist das Geschäftsmodell verständlich und stabil?
- Sind die Schulden tragbar?
- Wie hat das Unternehmen in früheren Krisen gehandelt?
- Ist die Schwankung für deine Nerven auszuhalten?
- Welche Rolle soll diese Aktie in deinem Depot spielen?

Wenn du bei zwei oder mehr Punkten ein großes Fragezeichen hast:

Stopp.

**6 – Deine eigene Risikotoleranz ernst nehmen**

Wenn du bei minus 20 % schlecht schläfst:

Dann brauchst du eine konservativere Basis, weniger Risiko, mehr ETFs oder stabile Qualitätszahler.

Für Experimente gibt es eine Spielwiese:

maximal 5–10 % deines Kapitals. Nicht das Fundament.

Risiko ist nicht dein Feind. Risiko ist ein Faktor, den du kennen und steuern musst. Und je besser du deine Risiken kennst, desto ruhiger wirst du investieren.

**Reflexionsfragen**

1. Welche meiner Aktien hat aktuell eine Dividendenrendite über 7 % – und warum?
2. Welche Dividenden in meinem Depot sind durch Gewinne gedeckt – und welche möglicherweise nicht?
3. Habe ich für jede Aktie eine Exit-Regel definiert, bevor ich gekauft habe?
4. Wie viel Prozent meines gesamten Dividenden-Cashflows stammen aus meinen drei größten Positionen?

**Real Talk**

Die meisten Anleger scheitern nicht an falschen Aktien. Sie scheitern an fehlenden Grenzen. Kein Exit-Plan. Kein Risikolimit. Kein Stopp, wenn Red Flags auftauchen. Rendite ist kein Geschenk für Hoffnung. Rendite ist eine Belohnung für Disziplin.

**Fazit**

Wer Warnzeichen erkennt, bevor sie laut werden, spart sich Jahre an Verlusten und Nerven. Gute Investoren sind keine Hellseher. Sie sind aufmerksam. Sie schauen hin. Sie nehmen unangenehme Wahrheiten ernst. Und sie handeln, bevor es zu spät ist. Halte die Augen offen – nicht einfach nur die Daumen gedrückt.

*Im nächsten Teil wechseln wir bewusst die Perspektive:*
*Wie du Qualitätsaktien erkennst und warum Wachstum und Sicherheit keine Gegensätze sind. Denn es reicht nicht zu wissen, wo rote Flaggen wehen. Du musst auch erkennen, wo grüne Lichter dauerhaft leuchten.*

KAPITEL 13

# Qualitätsaktien finden – Stabilität, Wachstum und Burggräben erkennen

Ab hier geht es nicht mehr nur darum, Fehler zu vermeiden. Jetzt geht es darum, die richtigen Aktien zu finden:

Aktien, die zahlen, die wachsen, die auch in Krisen überleben, und die deine Nerven schonen. Denn gute Aktien erkennst du nicht daran, dass alle über sie reden. Nicht an der höchsten Rendite. Sondern an ihrer Substanz, ihrer Wiederholbarkeit und ihrem Charakter.

*Wenn du bei Frage 14 oder 15 genickt hast, dann ist dieses Kapitel genau für dich.*

## Was eine Qualitätsaktie ausmacht – verständlich erklärt

Stell dir vor, eine Qualitätsaktie ist ein Unternehmen, dem du auch dann dein Geld anvertrauen würdest, wenn es keine Börse gäbe. Es gibt sechs große Bausteine.

**1 – Stabiler Gewinnfluss**

Eine Firma ist nicht deshalb gut, weil der Kurs einmal stark gestiegen ist.

Sie ist gut, wenn sie über Jahre hinweg zuverlässig Geld verdient.

**Worauf du achten kannst:**

- Der Gewinn pro Aktie steigt über fünf bis zehn Jahre. Nicht jede Kurve muss perfekt sein – aber die Richtung stimmt.
- Es gibt keine Serie von Einbrüchen, die jedes Jahr mit neuen „Sonderfaktoren" erklärt werden.
- In Krisenjahren (zum Beispiel Finanzkrise oder Corona) konnte das Unternehmen weiter Dividenden zahlen, ohne komplett auszusetzen.

Kurz gesagt:

Die Firma zeigt, dass sie mit Gegenwind klar kommt.

### 2 – Gesunde Bilanz

Die Bilanz ist grob gesagt die Gesundheitsakte eines Unternehmens.

Wichtige Punkte:

Die Schulden sind tragbar, nicht explodierend. Als grober Richtwert gilt:

Debt-to-Equity unter etwa 1,5 ist meist in Ordnung.

Der Free Cashflow ist positiv und wächst im Zeitverlauf.

Die Eigenkapitalquote liegt idealerweise über 30 Prozent.

Eine gesunde Bilanz bedeutet:

Das Unternehmen kann auch ein paar schlechte Jahre überstehen, ohne sofort ins Wanken zu geraten.

### 3 – Wettbewerbsvorteil: der Burggraben

Ein Burggraben schützt eine Burg. Ein wirtschaftlicher Burggraben schützt ein Geschäftsmodell.

Beispiele:

- Coca-Cola – starke Marke und weltweites Vertriebsnetz Visa – Netzwerkeffekt
- Microsoft – eng verzahntes Ökosystem aus Software und Cloud

Ein Burggraben bedeutet:

Es ist für andere schwer, das Modell zu kopieren oder Kunden dauerhaft abzuwerben.

**4 – Verlässliche Dividende**

Eine gute Dividendenaktie:

zahlt seit vielen Jahren Dividende (zehn Jahre oder mehr), hat eine Ausschüttungsquote von grob 40 bis 70 Prozent, erhöht die Dividende regelmäßig, zum Beispiel um fünf Prozent pro Jahr.

Das zeigt:

Das Unternehmen verdient Geld und teilt es verantwortungsvoll mit seinen Eigentümern.

**5 – Solides Management**

Management ist wie die Mannschaftsführung im Sport. Du willst keine Führung, die ständig All-in geht, große Übernahmen aus Ego-Gründen tätigt und Risiken anhäuft.

Gute Zeichen sind:

keine größenwahnsinnigen Übernahmen, klare und nachvollziehbare Ziele, ehrliche Kommunikation – auch in schlechten Zeiten, ein Management, das selbst Aktien hält und mit im Boot sitzt.

**6 – Nachvollziehbares Geschäftsmodell**

Eine einfache Regel:

Wenn du das Geschäftsmodell in zwei Sätzen erklären kannst, ist das ein gutes Zeichen.

Wenn du nur mit Buzzwords jonglierst oder ständig nachschlagen musst, ist Vorsicht angebracht.

Beispiele:

„Das Unternehmen stellt Medizinprodukte her, die weltweit in Krankenhäusern gebraucht werden."

→ verständlich.

„Das Unternehmen macht etwas mit KI, Blockchain, DeFi und Web3-as-a-Service.“

→ Vorsicht.

Qualitäts-Score – ein einfacher Kurztest

Du brauchst keine Profi-Software, um Qualität einzuschätzen.

Nimm fünf Kriterien und vergib jeweils null bis zwei Punkte:

Gewinnentwicklung – stabil steigend über fünf bis zehn Jahre?

Verschuldung – niedrig bis moderat?

Dividendenhistorie – stabil oder wachsend?

Burggraben – klar erkennbar?

Management – transparent und aktionärsfreundlich?

Auswertung:

8–10 Punkte: sehr stark – Kandidat für eine langfristige Kernposition

5–7 Punkte: solide – halten, beobachten, eventuell ausbauen

unter 5 Punkte: kritisch – besser genauer analysieren oder meiden

Kein perfektes System.

Aber eines, das dich zwingt, bewusst hinzuschauen.

Beispiele für Qualitätsaktien (keine Empfehlung)

Nur zur Illustration des Prinzips:

Johnson & Johnson

Stärke: diversifiziert, medizinischer Bedarf, stabil

Burggraben: Forschung, Marken, Vertriebsnetz

Dividendenqualität: seit Jahrzehnten steigend

Microsoft

Stärke: Software, Cloud, hoher Cashflow

Burggraben: starkes Ökosystem

Dividende: seit vielen Jahren wachsend

PepsiCo, Nestlé, Unilever

Stärke: Alltagsprodukte

Burggraben: Marken, globale Präsenz

Dividende: sehr konstant, defensiv

**Realty Income**

Stärke: Immobilien mit langfristigen Mietverträgen

Burggraben: Struktur und Vertragslaufzeiten

Besonderheit: monatliche Dividende

**LVMH**

Stärke: Luxusgüter mit hoher Preissetzungsmacht

Burggraben: Marken, Knappheit, Image

*Noch einmal klar:*

*Das sind Beispiele für das Prinzip – keine Aufforderung zum Kauf.*

**Wachstum und Sicherheit – kein Widerspruch**

Viele glauben:

Entweder sicher oder renditestark.

Das ist ein Denkfehler.

Die besten Unternehmen bieten:

ein stabiles Fundament

und gleichzeitig Wachstumspotenzial.

Beispiele im Prinzip:

Microsoft – stabiler Cashflow plus Wachstum durch Cloud und Software

Visa – starkes Netzwerk plus wachsender Zahlungsverkehr

Apple – Ökosystem, Hardware, Dienste und Markenmacht

Merksatz:

Wachstum plus Stabilität ergibt Wohlstand.

Burggraben in der Praxis erkennen

Ein Burggraben kann verschiedene Formen haben:

- Kostenführerschaft – der günstigste Anbieter
- Marke – Kunden kaufen wegen des Namens
- Netzwerkeffekt – je mehr Nutzer, desto wertvoller
- Patente oder Technologie – schwer nachzumachen
- Wechselkosten – der Kunde bleibt, weil ein Wechsel nervig oder teuer wäre

Wenn du den Burggraben erkennst, verstehst du, warum ein Unternehmen nicht leicht verdrängt wird.

### Wann Qualität bröckelt

Auch Qualitätsaktien können kippen. Meist nicht plötzlich, sondern schrittweise.

**Warnsignale sind:**

häufiger Strategiewechsel im Management, schnell steigende Schulden ohne klaren Nutzen, plötzliche Dividendenkürzung nach langer Stabilität, teure Übernahmen, um Wachstum zu erzwingen, ein erodierender Burggraben durch neue Technik oder Konkurrenz. Wer diese Punkte beobachtet, wird selten von „plötzlichen" Problemen überrascht.

### Wie du Qualitätsaktien richtig nutzt

Qualität allein reicht nicht. Du musst sie auch richtig einsetzen. Baue deine Kernpositionen auf fünf bis zehn Qualitätsaktien als Fundament auf. Denke langfristig, in Jahren, nicht in Wochen. Reinvestiere Dividenden, so nutzt du den Zinseszinseffekt.

Nutze Korrekturen:

Wenn Qualität im Rabattregal liegt, ist das oft eine Chance – kein Weltuntergang.

Achte auf Bewertung:

Qualität darf etwas kosten, aber nicht jede Fantasie rechtfertigt jeden Preis.

**Reflexionsfragen**

1. Welche meiner Aktien würden bei diesem Qualitätscheck mindestens acht von zehn Punkten erreichen?
2. Welche Positionen basieren ehrlich betrachtet mehr auf Bauchgefühl als auf Fundament?
3. Habe ich einen klaren Qualitätskern im Depot oder nur schöne Renditezahlen?
4. Welche Unternehmen verstehe ich wirklich und könnte sie in zwei Sätzen erklären?

**Real Talk**

Qualität ist kein Zufall. Sie entsteht durch stabile Geschäftsmodelle, ehrliches Management, disziplinierten Umgang mit Geld – auf Unternehmensseite und bei dir. Wachstum ohne Stabilität ist Glücksspiel. Stabilität ohne Wachstum ist Stillstand. Qualität entsteht dort, wo beides zusammenkommt. Wer das erkennt, baut nicht einfach ein Depot. Er baut ein Vermögen.

**Fazit**

Qualitätsaktien sind das Rückgrat deines Depots. Sie sorgen für Ruhe, Stabilität und planbaren Cashflow. Sie sind kein Spektakel, sondern ein System. Wenn du lernst, Qualität zu erkennen, brauchst du weniger Tipps von außen und triffst eigene, ruhige Entscheidungen.

*Im nächsten Kapitel geht es darum, wie du diese Qualität behältst. Wie du mit Schwankungen umgehst, wie du ruhig bleibst, und wie du verhin-*

*derst, dass du gute Qualität aus Panik über Bord wirfst.*

KAPITEL 14

# Strategie verfeinern statt neu erfinden – vom Aufbau zur Reife

Du hast jetzt ein Depot. Du bekommst Dividenden. Du siehst, dass das System funktioniert. Und fast automatisch tauchen diese Fragen auf:

- „War es das schon?"
- „Kann ich das noch besser machen?"
- „Oder müsste ich meine Strategie komplett ändern?"

Die kurze Antwort:

**Nein.**

Du brauchst keinen Neuanfang.

Du brauchst **Feinschliff.**

### Warum Feinschliff besser ist als ein kompletter Strategiewechsel

Viele Anleger werden nach ein paar Jahren unruhig. Weil andere plötzlich höhere Renditen zeigen. Weil Tech-Aktien gerade durchdrehen. Weil irgendein YouTuber „die 10 besten Aktien für 20XX" präsentiert. Weil man anfängt zu denken: „Vielleicht mache ich etwas falsch?"

Die Wahrheit ist: Wenn dein System läuft, ändere nicht das System. Passe nur die Feinheiten an. So wie man ein Auto regelmäßig wartet, aber nicht jedes Jahr komplett neu baut.

*Wenn du bei Frage 19 oder 20 genickt hast, dann ist dieses Kapitel dein Schutzschild.*

## Drei Wege, wie du deine Dividendenstrategie verbessern kannst

### 1 – Vom reinen Ausschütten zur Balance wechseln

Am Anfang ist der Wunsch klar: Du willst Dividenden. Möglichst viele. Möglichst schnell. Das ist normal. Aber je größer dein Depot wird, desto mehr verändert sich deine Perspektive. Statt acht Prozent Rendite, hohes Risiko und Bauchschmerzen bei jeder Krise, werden - drei bis fünf Prozent Rendite, Unternehmen, die ihre Dividende jedes Jahr erhöhen, weniger Risiko, ruhiger Schlaf - sinnvoller.

Das ist kein Rückschritt. Das ist Reife.

Eine Firma, die ihre Dividende jedes Jahr um fünf bis zehn Prozent erhöht, schlägt langfristig fast jede Hochrendite-Aktie, die einmal stark zahlt – und später kürzt.

### 2 – Deinen Zahlungsstrom glätten (wichtiger als die Höhe)

Viele stellen nach einiger Zeit fest:

„Im Januar kommt viel, im Februar fast nichts, im Juni wieder mehr."

Das fühlt sich chaotisch an. Ist aber normal – und gut lösbar.

**Beispiel:**
Der Monat Mai ist komplett leer? Dann suchst du dir gezielt einen zuverlässigen Zahler, der im Mai ausschüttet (zum Beispiel Procter & Gamble, PepsiCo oder Unilever – je nach Land und Börsenrhythmus).

**So entsteht:**
ein ruhiger, gleichmäßiger Einnahmestrom, monatlich berechenbares Geld, ein System, das sich fast wie ein Gehalt anfühlt – nur eben aus Kapital.

*Wenn du Frage 16 mit Ja beantwortet hast, dann ist das hier dein nächster logischer Schritt.*

**3 – Langsam auf Rente oder Teilzeit zusteuern**

Viele Anleger wissen irgendwann ziemlich genau:

„Ich will ab 60 weniger arbeiten."

oder

„Ich möchte mit 55 flexibler sein."

Wichtig ist nur eines:

So etwas plant man nicht erst mit 59.

Wenn du willst, dass dein Depot dich später mit echtem Einkommen unterstützt, dann stellst du es ab etwa 50 bis 55 Jahren langsam um:

mehr Unternehmen, die verlässlich ausschütten, weniger Unternehmen, die nur wachsen, aber nichts zahlen, mehr defensive Branchen (Gesundheit, Basiskonsum, Infrastruktur), weniger Fokus auf maximales Wachstum, mehr Fokus auf Nutzen und Stabilität.

In dieser Phase werden Dividenden oft nicht mehr reinvestiert, sondern ausgezahlt und genutzt. Das ist keine Schwäche. Das ist der Übergang vom Aufbau zur Ernte.

**Bonus:**
Ein paar Kennzahlen für alle, die etwas tiefer schauen wollen. Du musst kein Finanzprofi sein. Aber ein paar einfache Kennzahlen helfen enorm:

**Ausschüttungsquote (Payout Ratio):**

Idealerweise zwischen 30 und 70 Prozent.

**Dividendenwachstum:**

Fünf Prozent oder mehr pro Jahr sind sehr stark.

**Zinsdeckungsgrad (Interest Coverage):**

Je höher, desto sicherer kann das Unternehmen seine Zinsen bedienen.

**Eigenkapitalquote:**

Über 40 Prozent ist oft ein Zeichen von Stabilität. Diese Werte helfen dir, Dauerläufer von Schönwetterzahlern zu unterscheiden.

**Fazit**

Je länger du investierst, desto klarer erkennst du, was wirklich zu dir passt. Wie viel Risiko du aushalten willst, wie viel Ruhe du brauchst, welchen Cashflow du später benötigst, welche Unternehmen dir Stabilität geben. Feinschliff bedeutet kleine Dinge korrigieren, das System verbessern, aber nicht alles über Bord werfen.

Reife Anleger machen keinen Neustart. Sie perfektionieren, was funktioniert. Und genau das ist der Unterschied zwischen jemandem, der „irgendwie anlegt“, und jemandem, der Schritt für Schritt ein echtes Vermögen aufbaut.

KAPITEL 15

# Dein Depot ist kein Extra – es ist deine echte Rente

## Warum dein Depot kein Extra ist – sondern der Kern deiner Altersvorsorge

Wenn du an Rente denkst, kommen dir vielleicht Gedanken wie diese:

- „Da kommt später halt irgendwas vom Staat."
- „Reicht wahrscheinlich nicht, aber ich kann es ja eh nicht ändern."
- „Mein Depot ist nur ein Extra."

Das klingt logisch. Ist aber falsch gedacht. Dein Depot ist kein Extra. Es ist in vielen Fällen stabiler, ehrlicher und planbarer als deine Altersvorsorge.

## Warum die gesetzliche Rente schwächelt – ganz nüchtern betrachtet

Die gesetzliche Rente hat drei strukturelle Probleme, die niemand wegdiskutieren kann.

### 1 – Demografie

Immer mehr ältere Menschen. Immer weniger junge Beitragszahler. Immer mehr Renten, die ausgezahlt werden müssen. Das System ist wie ein Fass, in das immer weniger hinein läuft und aus dem immer mehr heraus läuft.

2 – Inflation

Selbst wenn deine Rente nominal steigt, frisst die Inflation jedes Jahr Kaufkraft. 1.400 Euro heute sind in 15 oder 20 Jahren keine 1.400 Euro mehr wert. Das Geld bleibt gleich. Der Wert nicht.

2015 kostete ein Döner ca 5 Euro, heute (2026) sind es bereits 8 Euro. Dein Einkommen oder deine Rente steigt aber nicht so schnell wie deine Kosten.

3 – Abzüge

Auf die gesetzliche Rente kommen Krankenversicherung, Pflegeversicherung, gegebenenfalls Steuern.

**Ein Beispiel:**

Rentenbescheid: 1.400 Euro

Nach Abzügen und Inflation vielleicht 1.000 Euro Kaufkraft – oder weniger. Und das ist der Fall, wenn du dein ganzes Leben eingezahlt hast.

## Dein Depot dagegen

Dein Depot ist kapital gedeckt. Das bedeutet:

Was du einzahlst, gehört dir. Es wird nicht umverteilt. Es wird nicht politisch neu erfunden. Es wird nicht gekürzt, weil „die Lage schwierig ist".

**Und das Entscheidende:**

Dein Depot zahlt weiter – egal, wie alt du wirst. Und wenn du stirbst, geht das Depot an deine Kinder oder deinen Partner. Nicht an den Staat. Nicht ins Nichts. Die gesetzliche Rente endet mit dir (evtl. bleibt eine kleine Witwenrente). Dein Depot nicht.

**Der faire Vergleich – was dein Depot wirklich leistet**

Eine einfache Faustformel:

Depotwert × 0,04 = nachhaltiger Dividenden-Cashflow pro Jahr (die sogenannte Vier-Prozent-Regel).

Ein paar Beispiele:

50.000 Euro Depot

→ ca. 2.000 Euro pro Jahr

→ rund 167 Euro pro Monat

100.000 Euro Depot

→ ca. 4.000 Euro pro Jahr

→ rund 333 Euro pro Monat

250.000 Euro Depot

→ ca. 10.000 Euro pro Jahr

→ rund 833 Euro pro Monat

Jetzt die ehrliche Frage:

Klingt das nach „Extra" oder nach echter privater Rente?

## Flexibel statt fix

Die gesetzliche Rente ist ein Einbahnstraßensystem. Fester Betrag, keine echte Anpassung, keine flexible Entnahme, nichts vererbbar.

**Dein Depot ist das Gegenteil:**

Du kannst mehr entnehmen, wenn du es brauchst. Du kannst weiter reinvestieren, wenn du willst. Du entscheidest über Risiko, Höhe und Strategie. Und dein Kapital bleibt dein Eigentum.

Rente ist Verwaltung. Dein Depot ist Freiheit.

## Der psychologische Faktor: Kontrolle statt Abhängigkeit

Der größte Unterschied ist nicht das Geld. Es ist das Gefühl.

**Staatliche Rente bedeutet:**

„Ich hoffe, es wird reichen."

**Ein eigenes Depot bedeutet:**

„Ich kümmere mich selbst."

Ein Investor wartet nicht auf Versprechen oder vertraut blind auf Systeme. Er baut etwas, das dauerhaft bleibt, entscheidet selbst über seine Zukunft. Das ist ein anderes Lebensgefühl. Du bist kein Antragsteller mehr. Du bist **Eigentümer deiner Altersvorsorge.**

### Fazit

Die gesetzliche Rente kann ein Baustein sein. Aber dein Depot ist das Fundament. Du brauchst dafür keine Million, keine komplizierten Derivate, keinen perfekten Einstiegszeitpunkt. Sondern Klarheit, Disziplin und Zeit. Und das Wichtigste, du hast bereits angefangen. Allein das bringt dich Jahre nach vorne gegenüber denen, die immer noch sagen:

*„Ich fange irgendwann an."*

Du hast die Richtung gewählt. Und dein späteres Ich wird dir dafür dankbar sein.

KAPITEL 16

# Deine magische Zahl – was du wirklich für deine Rente brauchst

Wenn Menschen über Rente nachdenken, hört man oft:

- „Der Staat wird mir schon irgendwas zahlen."
- „Reichen wird es wahrscheinlich nicht … aber was soll ich machen?"
- „Mein Depot ist nur ein kleiner Zusatz."

Das ist verständlich. Aber es ist falsch gedacht. Dein Depot ist kein Extra. Es ist sehr oft der entscheidende, stabilste Teil deiner Altersvorsorge. Der Schlüssel dafür ist nicht ein Produkt. Nicht eine Strategie. Sondern eine klare Zahl. Deine persönliche Zahl. Nicht die eines Finanzgurus. Nicht die eines YouTubers. Sondern die, die zu deinem Leben passt.

## Warum du überhaupt eine Zahl brauchst

Ohne Ziel sparst du irgendeinen Betrag. Du hoffst auf bessere Zeiten, du weißt nicht, ob du „genug" hast und du bleibst innerlich unsicher. Mit einem Ziel hast du Fokus. Du weißt, wofür du sparst, du siehst Fortschritt. Du wirst ruhiger, weil dein System Richtung hat. Es ist wie bei einem Navi. Du weißt, wo du hin willst – und wie weit es noch ist. Das allein nimmt Stress raus.

Deine magische Zahl ist auch keine perfekte Wissenschaft. Sie ist kein Rechenexamen. Sie ist dein Sicherheitsgefühl in Euro.

## Die einfache 3-Schritte-Formel für deine Ruhestandslücke

**Schritt 1: Was brauchst du monatlich für ein gutes Leben?**

Nicht geizig. Nicht übertrieben. Ehrlich.

Wir reden hier nicht von Luxusurlaub und Sportwagen. Wir reden hier von Dach über dem Kopf, einen gefüllten Kühlschrank und genug Taschengeld um nicht aus langeweile zu vertrocknen.

Beispiel: 1.800 Euro netto pro Monat

**Schritt 2 – Was kommt realistisch aus der gesetzlichen Rente?**

Dein jährlicher Rentenbescheid zeigt einen Bruttowert. Davon gehen noch Krankenversicherung, Pflegeversicherung und eventuell Steuern ab. Und der Kaufkraftverlust durch Inflation darf nicht vergessen werden.

**Beispiel:**

Rentenbescheid: 1.400 Euro

Realistisch nutzbar: etwa 1.100 Euro

**Schritt 3 – Deine persönliche Ruhestandslücke**

Bei einem monatlichen Bedarf von 1.800 Euro, abzüglich der 1.100 Euro nutzbaren Rente, bleibt ein Defizit von 700 Euro im Monat.

Diese 700 Euro sind dein Ziel-Cashflow aus dem Depot. Nicht mehr. Nicht weniger.

Wie viel Depot brauchst du dafür?

**Eine einfache Faustregel:**

Depotwert × 4 % ≈ nachhaltiger Jahres-Cashflow

**Rechnung:**

700 Euro × 12 = 8.400 Euro pro Jahr

8.400 Euro ÷ 0,04 = 210.000 Euro Depotwert

Deine magische Zahl wäre in diesem Beispiel 210.000 Euro. Keine Millionen. Kein Lottogewinn. 210.000 Euro und deine 700 Euro Lücke wäre gestopft.

**Wenn du noch Zeit hast (15–25 Jahre)**

Du brauchst diese 210.000 Euro nicht heute. Du brauchst nur einen realistischen Weg dorthin.

**Beispiel:**

300 Euro Sparrate pro Monat, mit ca. 6 % Rendite, alles reinvestiert.

Ergebnis grob:

- nach 17 Jahren: ca. 110.000 Euro
- nach 25 Jahren: ca. 200.000 Euro

Der Rest kommt nicht aus Mehrarbeit, sondern aus Zeit und Zinseszinseffekt.

**Bonus: Dividenden sind kein Zwang**

Deine Ruhestandslücke muss nicht ausschließlich über Dividenden geschlossen werden. Eine stabile Entnahmestrategie kann bestehen aus regelmäßigen Dividenden, plus gezielten, kleinen Teilverkäufen. Wie das sauber und stressfrei funktioniert, kommt im nächsten Kapitel.

**Fazit**

Du musst nicht reich werden. Du musst nur wissen, was du brauchst. Diese eine Zahl verändert alles. Deine Sparrate, deine Strategie, deine Gelassenheit. Ab hier investierst du nicht mehr „irgendwie“. Du investierst zielgerichtet. Und jeden Monat siehst du schwarz auf weiß, wie du deiner Freiheit näher kommst.

KAPITEL 17

# Wenn dein Depot dich bezahlt – Dividende, Teilverkauf und die Wahrheit über die Entnahme

Du hast jahrelang investiert. Du hast aufgebaut, durchgehalten, reinvestiert. Jetzt beginnt die Phase, auf die alles hinauslief. Dein Depot beginnt, für dich zu arbeiten. Die entscheidenden Fragen sind jetzt nicht mehr:

*„Welche Aktie kaufe ich?"*

Sondern:

- Wie entnehme ich richtig?
- Wie viel ist sicher?
- Wie lange reicht es?
- Und wie verhindere ich, dass ich mein eigenes Fundament langsam aufzehre?

In der Praxis gibt es zwei funktionierende Entnahmestrategien. Alles andere sind Varianten davon.

## Variante 1: Leben ausschließlich von Dividenden

Du entnimmst nur das, was dein Depot ausschüttet. Keine Verkäufe. Keine Substanzentnahme.

**Vorteile**

- Das Depot bleibt vollständig erhalten
- Sehr hohe Sicherheit
- Gut planbar
- Ideal, wenn Vererben ein Ziel ist

**Nachteil**

- Du brauchst ein höheres Startkapital

**Beispiel**

Du willst 1.000 € pro Monat = 12.000 € pro Jahr

Bei 4 % Dividendenrendite brauchst du etwa:

300.000 € Depotwert

Diese Variante ist konservativ, ruhig und langfristig extrem stabil.

## Variante 2: Dividenden plus Teilverkäufe (4-%-Regel)

Du entnimmst jedes Jahr rund 4 % deines Depotwerts.

Die Entnahme kann bestehen aus:

- Dividenden
- plus gezielten, kleinen Verkäufen

**Vorteile**

- Du brauchst weniger Startkapital
- Sehr flexibel
- Anpassbar an Lebenssituationen

**Nachteil**

- Das Depot wird über Jahrzehnte langsam kleiner

**Beispiel**

Depotwert: 250.000 €

4 % = 10.000 € pro Jahr

**Die bekannte Trinity-Studie zeigt:**

Mit einem breit aufgestellten Depot hält diese Strategie 30 Jahre oder länger – oft sogar dauerhaft, wenn Märkte normal laufen.

**Welche Strategie passt zu dir?**

- Maximale Sicherheit → nur Dividenden
- Mehr Flexibilität → Dividenden + Teilverkäufe
- Vererben wichtig → eher nur Dividenden
- Jeder Euro zählt → Kombination

**Wichtig:**

Du legst dich nicht für immer fest.

**Viele machen es so:**

Erst nur Dividenden.

Später – wenn nötig – gezielte Teilverkäufe ergänzen.

**Steuern realistisch einplanen**

Auch im Ruhestand bleibt das Thema relevant.

Sparer-Pauschbetrag (Stand: 02/2026):

- 1.000 € (Single) / 2.000 € (Ehepaar)
- Kapitalertragsteuer + Solidaritätszuschlag
- Bei Teilverkäufen: Kursgewinne steuerpflichtig

**Eine zentrale Regel:**

Nicht im Crash verkaufen. Liquidität wird idealerweise in starken Marktphasen aufgebaut, nicht dann, wenn Kurse am Boden liegen. Eine einfache, praxistaugliche Entnahme-Routine

**Januar = Jahrescheck: Wie viel brauche ich dieses Jahr realistisch?**

Q1 = Dividenden entnehmen

Q2 = Optional Teilverkäufe bei guten Kursen

Q3 = Puffer für Urlaub, Sonderausgaben aufbauen

Q4 = Jahres-Review und Planung fürs nächste Jahr

**Das Ergebnis:**

- planbare Entnahmen
- steuerlich sinnvoll
- keine hektischen Entscheidungen

**Fazit**

Ein gut aufgebautes Depot kann dein Leben finanzieren. Ohne Panik, ohne Verzicht, ohne Angst, irgendwann „zu wenig" zu haben.

Du brauchst dafür:

- eine klare Zahl
- eine realistische Rendite
- ein System, das du ein hältst

Nicht Reichtum entscheidet darüber, sondern Struktur und Konsequenz. Du musst nicht perfekt investieren. Du musst nur vermeiden, dich selbst zu sabotieren. Und genau das hast du bis hierher gelernt.

KAPITEL 18

# Wenn es weh tut – warum Durchhalten wichtiger ist als jede Strategie

Du wirst sie erleben. Egal, wie gut du planst. Egal, wie sauber du investierst. Rückschläge kommen. Der Markt fällt. Eine Aktie kürzt die Dividende. Dein Depot steht plötzlich 10, 20 oder 30 Prozent im Minus. Und dann tauchen sie auf. Die Zweifel, die Angst. Die Versuchung, alles infrage zu stellen.

Genau hier trennt sich, wer wirklich investiert – und wer nur mit läuft. Was du in diesen Momenten verstehen musst: Verluste sind kein Fehler. Sie sind Teil des Systems.

Langfristiges Investieren bedeutet: Es gibt Phasen mit Gegenwind, bevor es wieder vorangeht. Du bist nicht gescheitert, weil dein Depot fällt. Du scheiterst erst dann, wenn du im falschen Moment aufgibst.

## Die eigentliche Gefahr ist nicht die Börse – sondern du selbst

Die meisten Anleger verlieren nicht wegen Krisen, sondern wegen ihrer Reaktionen:

- im Tief verkaufen
- Sparpläne stoppen

- Strategien hektisch ändern
- versuchen, „Schäden zu reparieren", die nur auf dem Papier existieren

Wer im Tief verkauft, verliert doppelt: Geld – und Vertrauen in die eigene Fähigkeit, langfristig zu denken.

Was du tun kannst, wenn es wirklich kracht

**1. Abstand schaffen**

Wenn du merkst, dass dich deine Emotionen überwältigen:

Nicht einloggen.

Ein Depot erholt sich nicht durch Kontrolle.

**2. An deine Ausgangsentscheidung erinnern**

Warum hast du investiert?

- Freiheit
- Cashflow
- Sicherheit
- ein ruhigeres Leben

Nicht für Tagesgewinne.

**3. Erst einordnen, dann handeln**

Frag dich:

Hat sich das Unternehmen verändert – oder nur der Kurs?

Ist das ein fundamentales Problem – oder Marktpessimismus?

Handeln ist eine Option. Panik ist keine.

Geldangst – woher sie kommt und wie du ihr begegnest

Viele kennen dieses Gefühl:

Depot öffnen = Druck

Kurse fallen = Angst, etwas falsch gemacht zu haben

Entscheidungen werden aufgeschoben.

Der Gedanke: „Es reicht nie."

Das ist keine Schwäche. Das ist Geldangst – und sie ist verbreitet.

**Woher sie kommt**

- Erfahrungen aus der Kindheit („Dafür haben wir kein Geld.")
- Schulden, Mahnungen, existenzieller Druck
- ständige Vergleiche mit anderen
- Scham über vergangene Entscheidungen

Geld wird zum Symbol für Sicherheit, Kontrolle und Selbstwert.

**Wie du sie reduzierst**

- Aussprechen: Unausgesprochene Angst wächst. Benannte schrumpft.
- Kleine Schritte: 5 € sparen, eine Position aufbauen – Handlung schlägt Grübeln.
- Verstehen statt hoffen: Wissen reduziert Unsicherheit.
- Nicht isolieren: Scham lebt vom Verstecken, Kontrolle von Offenheit.

**Der toxische Vergleich**

Du siehst andere mit:

- großen Depots
- hohen Dividenden
- Immobilien
- unternehmerischem Erfolg

**Und denkst:**

„Ich bin zu spät."

„Ich werde das nie erreichen."

**Das Problem:**

Du vergleichst dein Innenleben mit der Außendarstellung anderer.

Du siehst:

- Zahlen, aber nicht Schulden
- Erfolge, aber nicht Stress
- Screenshots, aber nicht das Leben dahinter

Vergleich verzerrt. Fokus bringt dich weiter. Finanzielle Freiheit ist kein Wettkampf. Deine Umstände sind einzigartig – und dein Weg auch.

## Motivation – wie du dranbleibst, wenn es unspektakulär wird

Am Anfang ist alles neu:

Depot eröffnen, Sparpläne starten, erste Dividenden.

Dann kommt die Phase, in der nichts Aufregendes passiert. Genau hier steigen die meisten aus.

Motivation ist kein Dauerhoch. Sie ist eine Gewohnheit.

### Was wirklich hilft

1. Fortschritt messen, nicht das Endziel
2. +300 € wirkt realer als „noch 200.000 € fehlen".
3. Dein persönliches Warum sichtbar halten
4. Nicht abstrakt, sondern konkret:
5. weniger Abhängigkeit, mehr Ruhe, mehr Optionen.
6. Etappen anerkennen
7. Kleine Erfolge verstärken langfristiges Verhalten.
8. Austausch suchen
9. Konsequenz ist leichter, wenn man nicht allein bleibt.
10. Pausen erlauben – Aufgeben nicht
11. Tempo raus nehmen ist okay.
12. Den Kurs verlassen nicht.

**Fazit**

Rückschläge sind unvermeidlich. Geldangst ist menschlich. Vergleich schadet. Motivation entsteht durch Wiederholung.

Niemand wird finanziell stabil, weil er alles richtig macht. Man wird es, weil man trotz Fehlern weitermacht.

Der Unterschied zwischen Erfolg und Scheitern ist kein Talent. Es ist Konsequenz – besonders dann, wenn es unangenehm wird.

Am Ende gewinnt nicht der, der perfekt investiert. Sondern der, der ruhig bleibt und dranbleibt, wenn niemand zuschaut.

KAPITEL 19

# Finanzbildung beginnt zu Hause — und du gibst mehr weiter als Geld

Viele von uns haben als Kinder über Geld wenig gelernt.

**Oder nur eines:**

- „Darüber spricht man nicht."
- „Geld macht Probleme."
- „Sparen ist schwer."
- „Reich wird man sowieso nicht."

Solche Sätze wirken lange nach. Oft ein Leben lang. Heute hast du die Chance, dieses Muster zu durchbrechen. Nicht mit großen Reden. Sondern mit Haltung, Offenheit und kleinen, konsequenten Schritten.

Finanzbildung beginnt nicht in der Schule. Sie beginnt zu Hause. Bei dir. Und was du weitergibst, ist mehr als Geld:

Du gibst Denken weiter. Verantwortung. Möglichkeiten.

## Mit Kindern über Geld sprechen — ohne Vorträge

Kinder verstehen mehr, als wir glauben. Aber sie reagieren empfindlich auf Belehrungen. Darum gilt:

Nicht predigen — gemeinsam entdecken.

**Stell einfache Fragen:**

- „Was bedeutet Sparen?"
- „Was ist eine Dividende?"
- „Was würdest du mit 10 € im Monat machen, wenn du sie bekommst?"

So entsteht Neugier statt Druck. Geld wird nicht zu etwas Verbotenem, sondern zu etwas Verständlichem.

## Beteiligung schenken statt nur Dinge

Geburtstage, Weihnachten oder besondere Anlässe sind perfekte Momente, um mehr als Konsum zu schenken: Beteiligung.

**Beispiele:**

- Cola-Fan → Coca-Cola
- Nintendo-Kind → Nintendo
- Disney-Liebhaber → Walt Disney

Als stabile Basis eignet sich ein breit gestreuter ETF oder Fonds.

**Mach es sichtbar:**

- einfache „Aktien-Urkunde" basteln
- ins Zimmer hängen
- erklären: „Wenn du das siehst, gehört dir ein kleines Stück davon."

Kinder verstehen Eigentum sehr schnell. Und Verantwortung wächst daraus fast automatisch.

## Ein Kinderdepot — einfacher als viele denken

Ein Junior-Depot ist einer der größten finanziellen Startvorteile überhaupt.

**Wichtige Punkte:**

- Depot läuft auf den Namen des Kindes
- eigener Sparer-Pauschbetrag (aktuell 1.000 € jährlich steuerfrei)
- klare rechtliche Trennung
- langfristig mehr Nettoertrag

Du verwaltest es — das Kind profitiert. Viele Eltern glauben, sie müssten hohe Summen investieren. Das stimmt nicht. 10–25 € im Monat reichen völlig. Der wichtigste Faktor ist Regelmäßigkeit, nicht Höhe. Zeit und Zinseszinseffekt wirken enorm.

Für den Start eignet sich eine breite Streuung über viele Unternehmen weltweit. Später können einzelne Lieblingsfirmen dazukommen.

**Wichtige Regel:**
Erst Stabilität, dann Spaß. Nicht umgekehrt.

## Geld sichtbar machen — nicht geheim halten

Kinder brauchen Erklärungen. Aber noch mehr brauchen sie Erlebnisse.

**Mach Fortschritt sichtbar:**

- Einzahlungen notieren
- einmal im Monat gemeinsam ins Depot schauen
- Dividenden festhalten
- Wachstum zeigen

Ein Satz, der viel verändern kann:

„Wir investieren nicht, weil wir reich sind — sondern damit du später frei bist.“

## Verantwortung vorbereiten: Der Moment mit 18

Ein Punkt wird oft unterschätzt:

Mit dem 18. Geburtstag gehört das Depot vollständig dem Kind.

Unabhängig davon, wer eingezahlt hat. Darum ist Vorbereitung entscheidend.

**Sinnvolle Regeln, die früh besprochen werden:**

- Notgroschen bleibt unangetastet
- Verkäufe werden vorher besprochen
- langfristiges Denken vor kurzfristigem Konsum

Begleiten statt kontrollieren.

## Gute Finanzgespräche in der Familie

Geld betrifft selten nur eine Person. Offenheit schützt — Schweigen nicht.

**Mit deinem Partner oder deiner Partnerin**

- Einnahmen und Ausgaben transparent machen
- gemeinsame Ziele definieren

- kein Machtkampf — Teamarbeit

**Wichtige Regel:**
Ich-Botschaften statt Vorwürfe. „Ich mache mir Sorgen …" statt „Du gibst zu viel aus."

## Finanzgespräche schaffen Nähe — nicht Streit, wenn man sie richtig führt.

**Mit deinen Eltern**

Themen wie Rente, Pflege oder Absicherung sind unangenehm — aber notwendig. Mögliche Fragen:

- Gibt es Schulden?
- Welche Versicherungen bestehen?
- Gibt es Vollmachten?
- Was passiert im Notfall?

**Der Ton entscheidet:**

Sorge statt Kontrolle.

**Mit deinen Kindern**

Hier geht es nicht um Verbote, sondern um Verständnis.

- Taschengeld erklären
- Wünsche besprechen
- Preise vergleichen
- nie: „Geht dich nichts an."
- immer: „Ich erkläre dir gern, wie das funktioniert."

Kinder lernen nicht durch Angst. Sie lernen durch Wiederholung, Beteiligung und Vorleben.

## Kleine Herausforderungen mit großer Wirkung

**Beispiele:**

- „Wie spare ich 100 € bis zum Geburtstag?"
- „Wie viel bringt meine Beteiligung dieses Jahr?"
- „Warum wächst diese Firma — und die andere nicht?"

Das fördert Denken, nicht Kaufen.

### Reflexion für dich

1. Was habe ich selbst als Kind über Geld gelernt — und was wirkt heute noch?
2. Welche Fehler sollen meine Kinder nicht wiederholen?
3. Was hätte ich selbst früher wissen müssen?
4. Welche Rituale lebe ich heute vor?

### Real Talk

Kinder brauchen keine reichen Eltern. Sie brauchen Eltern, die wissen, wie Geld funktioniert — und darüber sprechen können. Ein Kind, das früh versteht:

- was Sparen bedeutet
- was Investieren bedeutet
- dass Geld keine Angst machen muss
- dass Wachstum Zeit braucht

hat einen Vorsprung von vielen Jahren gegenüber den meisten Erwachsenen.

**Und der Preis dafür ist überschaubar:**

- Ein kleiner Sparplan.
- Ein bisschen Aufmerksamkeit.
- Offenheit.

Das ist keine Finanzstrategie.

Das ist Verantwortung.

**Fazit**

Du gibst deinen Kindern den besten Start, wenn Geld kein Tabu ist, sondern ein Werkzeug. Du gibst deiner Familie Stärke, wenn man über Geld reden darf — ohne Angst, Scham oder Vorwürfe. Finanzbildung beginnt nicht in der Schule. Sie beginnt bei dir. Und eine einzige gute Saat kann ein ganz anderes Leben wachsen lassen.

## Schlussseite – Der letzte Gedanke

Wenn du bis hierher gelesen hast, hast du etwas getan, das viele nie tun:

Du bist drangeblieben.

Du hättest jederzeit aussteigen können. Du hast es nicht getan.

Du hast dich deinen Zahlen gestellt. Deinen Fehlern. Deinen Glaubenssätzen.

Das allein unterscheidet dich schon von den meisten.

Vielleicht wirst du nie Millionär. Und vielleicht ist das auch gar nicht dein Ziel.

Vielleicht erreichst du etwas anderes:

Ruhe.

Genug Sicherheit, um nachts zu schlafen. Genug Puffer, um nicht bei jeder Rechnung in Stress zu geraten. Genug Stabilität, um im Alter niemandem ausgeliefert zu sein.

Das ist nicht „nur". Das ist ein verdammt starkes Ergebnis.

Wenn du später zurückblickst, wirst du merken:

Es war nicht der eine ETF. Nicht die perfekte Aktie. Nicht die App oder das Tool.

Entscheidend war dieser eine Moment:

„Ich übernehme Verantwortung. Für mein Geld. Für mein Leben."

Dafür brauchst du keine Erlaubnis. Kein Talent. Kein perfektes Timing.

Du brauchst nur die Entscheidung, weiterzugehen – auch dann, wenn es langweilig ist. Auch dann, wenn es zäh ist. Auch dann, wenn niemand zuschaut.

Mach weiter. Schritt für Schritt. Kleine Beträge. Klare Regeln. Ruhiger Kopf.

Du hast den Kompass in der Hand. Der Rest ist dein Weg.

Made in the USA
Monee, IL
04 November 2026

67383614R00079